Igna~~cio Larrañaga~~

EL
SENTIDO
DE LA VIDA

SAN PABLO

Distribución San Pablo:

Argentina

Riobamba 230, C1025ABF BUENOS AIRES, Argentina.
Teléfono (011) 5555-2416/17. Fax (011) 5555-2439.
www.san-pablo.com.ar – E-mail: ventas@san-pablo.com.ar

Chile

Avda. L. B. O´Higgins 1626, SANTIAGO Centro, Chile.
Casilla 3746, Correo 21 - Tel. (0056-2-) 7200300 - Fax (0056-2-) 6728469
www.san-pablo.cl – E-mail: spventas@san-pablo.cl

Perú

Armendáriz 527 – Miraflores, LIMA 18, Perú.
Telefax: (51) 1-4460017
E-mail: dsanpablo@terra.com.pe

Larrañaga, Ignacio
   El sentido de la vida. – 1° ed. 3° reimp. – Buenos Aires: San Pablo, 2009.
   176 p.; 20x14 cm.
   ISBN: 978-950-861-783-5
   I. Sentido de vida
   CDD 241.642 4.

PRESENTACIÓN

Banquete

¿Hay alguna manera de definir la vida? En lugar de expresarse con conceptos abstractos, la antigüedad clásica utilizó invariablemente la palabra banquete, el banquete de la vida. Pero ¿cuál es ese banquete? ¿Quiénes son los que se sientan a esa mesa? El mundo responde que los millonarios, porque el dinero, según los criterios de ese mundo, abre todas las puertas de todos los banquetes de la vida.

Sin embargo, es bien sabido que, tras las soberbias mansiones y las fiestas deslumbrantes, se sufre tanta tristeza, tanto vacío... ¿Dónde está el banquete?

Estamos buscando el sentido de la vida, y diariamente podemos comprobar que infinitos finitos no son capaces de llenar un pozo infinito. ¿En qué dirección caminar para alcanzar con las dos manos el sueño siempre fugitivo del sentido de la vida? ¿Dónde está aquel valor impalpable que da valor a todos los demás valores?

¿Qué es el hombre? ¿Una llama al viento desprendida del leño, persiguiendo sin cesar quimeras imposibles? ¿Un pobre huérfano perdido en la noche en busca de una brújula? Con frecuencia, el hombre de hoy se parece a aquel peregrino que, como Ulises, se lanza a recorrer el mundo en busca de una llave: la llave del significado. Sucede que este hombre había logrado solucionar todos los problemas socioeconómicos y familiares. Más aún, había obtenido pleno éxito en todas sus empresas; pero, de pronto, siente que le falta un sentido por el cual vivir.

¿Qué hacer, qué receta entregar cuando nos encontramos con un hombre que afirma sentirse dominado por un sentimiento de inutilidad de su vida? Albert Camus dijo en una oportunidad: "Hay un problema verdaderamente serio y es... determinar si vale o no la pena vivir".

La sociedad moderna tiende a satisfacer virtualmente todas las necesidades, salvo una: la del sentido de la vida. Por eso, el hombre de hoy corre el peligro de caer en el vacío existencial, la mayor de las desgracias, que trae como consecuencia, muchas veces, la adicción a las drogas y los alucinógenos, como también el alcoholismo.

En el fondo, cualquiera de estas adicciones no es otra cosa que un intento de fuga, preludio en no pocas ocasiones del suicidio, fuga a cualquier parte o, lo que es lo mismo, a ninguna parte. En el fondo, se trata de rehuir a toda costa el vacío existencial. Fuga de un vacío a otro vacío.

Así se explica que esta tóxicodependencia se dé preferentemente entre la juventud, porque son ellos, los jóvenes, quienes experimentan más agudamente el desmoronamiento de los valores tradicionales, y quedan a la intemperie, sin saber en qué dirección caminar y qué hacer con su vida. ¿Qué sentido, qué utilidad tiene esta vida?

Necesitamos buscar con urgencia aquel no sé qué por el cual un hombre, en medio de dificultades y sufrimientos, se siente contento y feliz. ¿Qué será?

¿Una pasión inútil?

Ahí está la ley de la insignificancia humana, que quiere decir: después de mi muerte el sol seguirá ardiendo y la historia palpitando: es decir, todo seguirá igual que si nada hubiera sucedido.

Ahí está la ley de la enfermedad: al enfermo millonario lo llevan a las mejores clínicas del mundo, con la tecnología más avanzadas y los mejores especialistas..., e igualmente se les queda sin vida en el quirófano.

Ahí están las leyes de la precariedad, de la mediocridad y del fracaso. Ahí está la ley de la ancianidad, la ley de la soledad, la ley de la muerte.

En fin, ahí están las leyes de la impotencia general y de las limitaciones humanas: querer tanto y poder tan poco.

Entonces, ¿qué es el hombre? ¿Una pasión inútil?

Hace un siglo nadie sabía de mí. Dentro de un siglo nadie sabrá de mí. Entonces, ¿qué soy? ¿Un relámpago entre dos eternidades?

¿De dónde vengo? ¿Hacia dónde voy?

Y, sobre todo: ¿para qué estoy aquí? ¿Qué hago yo aquí? ¿Ganar dinero? ¿Tener hijos? ¿Y para qué? ¿Para que todos juntos seamos devorados finalmente por el vacío y la nada? ¿Tiene algún significado esta llama al viento? ¿Cuál es el sentido de mi existencia?

Superpotencia

Estos ojos míos fueron estructurados para poseer. ¿Poseer qué? Ese universo de múltiples colores, formas y dimensiones. Cuando estos ojos consiguen captar con exactitud y precisión ese conjunto de perspectivas, figuras y distancias, quedan realizados, satisfechos, quietos.

Estos oídos fueron dispuestos para captar el mundo de ruidos y voces. Cuando estos oídos han logrado diferenciar distintamente ese mundo de rumores y palabras, quedan quietos, satisfechos.

Y así el ser humano es un amasijo coherente de potencias complementariamente integradas: potencia intelectual, instintiva, visual, auditiva, afectiva, sexual, neurovegetativa, endocrina... Cada potencia tiene un objetivo específico y unos mecanismos adecuados para alcanzar su correspondiente objetivo. Una vez alcanzada su finalidad, las potencias descansan, quedan satisfechas, quietas.

Pero aquí está el enigma definitivo del hombre: tú pones en acción todas tus potencias; y todas ellas, una por una y todas juntas, consiguen realizar su función específica, y una por una y todas juntas quedan satisfechas y quietas... y tú, sin embargo, quedas insatisfecho, inquieto.

¿Qué quiere decir esto, cuál es el significado de este contraste?

Que tú eres otra cosa, y mucho más, que la suma de tus potencias.

Significa que toda la estructura de que constas empíricamente con la totalidad de tus potencias (intelectiva, auditiva, visual, afectiva, sexual, endocrina...), todo eso no explica lo que tú eres, ya que, satisfechas tus potencias vitales, tú quedas insatisfecho. Repetimos: eres otra cosa y mucho más que el conjunto de tus potencias.

Hasta empíricamente se puede demostrar que tú eres una superpotencia, como dijimos más arriba: un pozo infinito que infinitos finitos nunca lo podrán llenar. Sólo un infinito puede llenar un pozo infinito. Y así llegamos a la palabra clave para descifrar el enigma del hombre: Dios.

Ahora todo está claro: cubiertas todas tus necesidades, saciadas todas tus aspiraciones vitales, en el fondo de tu ser humano queda ardiendo una profunda insatisfacción, una sed insaciable, una misteriosa nostalgia de un Alguien, inaccesible a las potencias empíricas.

Fuerza de gravedad

A la manera de un artista que estampa su firma al pie de un óleo, así Dios, en la mañana de la creación, dejó marcado su rostro en las profundidades íntimas y últimas del ser humano. Esa imagen viene a ser como una poderosa fuerza de gravedad que lo arrastra con una oscura atracción hacia su Fuente Original.

Es la sed de Dios; una nostalgia que la Biblia describe gráficamente comparándola con los ciervos rumiantes que, después de recorrer abruptas montañas y encaramarse en los riscos más altos, descienden, devorados por la sed, en busca de las frescas aguas de los torrentes. Así es la sed de Dios: una sensación general de carácter afectivo cuajada de nostalgia, anhelo, atracción y seducción.

La Biblia compara también esta nostalgia de Dios con los terrenos valdíos que, durante el verano, son de tal manera afectados por la sequía que se les abren grietas por todas partes, como bocas sedientas que reclaman agua insistentemente.

La nostalgia de Dios es como una fuerza de profundidad, siempre inquieta y siempre inquietante, buscando un centro de gravedad donde poder equilibrarme, ajustarme y descansar.

¡Criatura singular el hombre, llevando reflejado en sus lagos interiores el rostro de Dios! Y por esta impronta eterna somos inevitablemente buscadores instintivos del Infinito; caminantes que, en un movimiento de retorno, navegamos río arriba en busca de la Fuente Primordial. En suma, peregrinos de lo Absoluto.

De tal manera que los fenómenos trágicos que agitan el corazón humano, como la insatisfacción en toda su grandeza y amplitud, el no saber para qué estamos en este mundo, el tedio de la vida, el vacío existencial, el desencanto general..., no son otra cosa que ecos lejanos de la nostalgia de Dios.

Sabiendo o sin saber, casi siempre sin saber, impulsado por esa oscura y potente nostalgia, el hombre está buscando a Dios aunque no tenga conciencia de ello.

Tú creías que el día que conquistaras aquel ideal te sentirías plenamente realizado. Acabas de izar la bandera en la cumbre más alta alcanzando por fin el ideal soñado, y tu corazón sigue inquieto.

Tú soñabas que el día en que se te entregara aquel diploma universitario o se te concediera aquel alto empleo tan bien remunerado, o conquistaras el corazón de aquella criatura excepcional, te sentirías plenamente satisfecho. Se han realizado todos esos sueños y tu corazón sigue insatisfecho.

¿Por qué? Porque, sin saberlo, estamos buscando al Infinito. Ibas jadeando, corriendo detrás de las criaturas, pero, en realidad, corrías detrás de Dios. Como se ve, es una sed que no se sacia con nada. Siempre suspira y aspira por otra cosa, por algo más, por otro Alguien.

Rescoldos bajo la ceniza

Cuando este corazón se ajusta en Dios, la profundidad del hombre queda poblada de equilibrio, orden y estabilidad. Pero cuando este corazón intenta centrarse en criaturas cuyas medidas no le corresponden, el hombre entero se sentirá desasosegado e inquieto. No hay otro centro de gravedad que pueda poner ajuste y descanso en la hondura humana de Dios.

La mayoría de la gente dejó atrofiar esta nostalgia por falta de cuidado o de atención; a muchos otros se les extinguió por completo en el remolino de la desventura humana.

Frecuentemente, sin embargo, esta sed de Dios permanece como un rescoldo mortecino bajo la ceniza. Pero cuando el hombre se enfrenta con situaciones límite; cuando, de pronto, experimenta el hastío de la vida o una honda insatisfacción, aquel rescoldo se torna en llama, y este hombre, instintivamente, siente o presiente una extraña nostalgia de algo más, de otro Alguien, de Dios mismo.

Después de completar muchos años y de experimentar mil aventuras, el ser humano, sin que nadie se lo diga, y en virtud de ese precipitado que deja el paso de la vida y que llamamos sabiduría, va llegando poco a poco a la convicción de que la única fuente de toda paz y alegría en este mundo es Dios, solamente Dios.

Experiencia de Dios

Estamos buscando aquel no sé qué que llamamos sentido de la vida, que transforma una existencia en una vida, por más que el hombre se arrastre por el suelo con las alas heridas entre tormentas.

Hasta ahora, por medio de la instrospección, hemos vislumbrado el misterio y hemos avanzado hacia la convicción en el sentido de que sólo Dios puede llegar a la última soledad del ser, llenar los vacíos y alumbrar las noches. Pero no basta. Buscamos vivencia y no sólo convicción.

Dios no es una idea abstracta, una teoría, ni siquiera teología. Dios es Alguien, una persona, y a una persona se la "conoce" con el trato personal, en la fe, en el amor, en una intimidad en que no se intercambian palabras, sino interioridades. Una intimidad en la que se establece una corriente atencional y afectiva con un Tú, de tal manera que todas mis energías unitivas y adhesivas se centran y se concentran en un Tú.

Una cosa es la palabra Dios y otra cosa es Dios mismo. Una cosa es la palabra amor y otra cosa es el amor. Llevamos en la mente la idea universal de que el fuego quema; pero otra cosa es meter la mano en el fuego y saber por experiencia qué significa que el fuego quema.

Todos sabemos que el agua sacia la sed, pero otra cosa es beber un vaso de agua fresca en una tarde cálida de verano, y saber por experiencia qué significa que el agua sacia la sed.

Desde los brazos de nuestra madre sabemos que Dios existe, que es amor. Pero otra cosa es estremecerse hasta las lágrimas en un momento de gran concentración al sentir la presencia arrebatadora, infinitamente amorosa y amante de ese Dios Padre que no hay manera de definirlo ni nombrarlo. Sólo se sabe lo que se vive; de ahí nace la sabiduría: ciencia con sabor. Es la experiencia.

Es diferente hablar con Dios que pensar en Dios. Siempre que se piensa en alguien, ese alguien está ausente. Pensar en alguien es hacerlo presente mediante una combinación de recuerdos e imágenes.

Pero si ese alguien se hace de pronto presente, ya no se piensa en él, sino que se establece una corriente dialogal, no necesariamente con palabras en el caso de Dios.

Cuando dos personas previamente conocidas y amadas –Dios y yo– se hacen mutuamente presentes, se establece una corriente circular de dar y recibir, amar y sentirse amados en una función simultánea y alternativa de agente y paciente.

Es un círculo vital de denso movimiento que, no obstante, se consuma en la máxima quietud. En este diálogo, no necesariamente de palabras, se cruzan dos interioridades en una proyección nunca identificante y siempre unificante.

Se trata de un intercambio afectuoso en que sabemos que se nos ama y amamos. "Estar" con él, tratar, mirar, sentirse recíprocamente presente... Serían algunos verbos que nos aproximarían a lo que es la esencia de la oración. Podríamos hablar también de un intercambio de miradas.

Estás conmigo

Todos los intentos por definir la oración, todas las expresiones más o menos felices para describir ese trato de amistad, al final de todo, se reducen a una máxima simplicidad: "Estás conmigo".

Tú me sondeas y me conoces. Tú me compenetras, me envuelves, me amas. Tú me inundas, me circundas y me transfiguras. Estás conmigo. En ti existo, me muevo y soy. Eres la esencia de mi existencia, fundamento fundante de mi ser. No puedo evadirme de tu presencia.

Si salgo a la calle, vienes conmigo. Me siento en la oficina y quedas a mi lado. Mientras duermo, tú velas mi sueño. Cuando recorro los senderos de la vida, caminas a mi lado. Al levantarme, sentarme y acostarme, tu presencia me envuelve como un manto. Estás conmigo.

Cuando, de pronto, siento la impresión de ser un niño perdido en la noche, tú me gritas: no tengas miedo, yo estoy contigo. Me envuelves con tus brazos, porque eres mi Padre, y en la palma de tu mano derecha llevas grabado mi nombre como señal de predilección. Adondequiera que yo vaya, tú estás conmigo.

Eres el alma de mi alma y la vida de mi vida, más interior que mi propia intimidad. Estás dentro de mí, estoy dentro de ti. Con tu presencia activa, paterna y vivificante compenetras todo cuanto soy, todo cuanto tengo. Estás conmigo.

En este momento, cualquiera de nosotros podrá gritar con san Pablo: "Ante esto, ¿qué diremos? Si Dios está con nosotros, ¿quién contra nosotros?". Si el Omnipotente está conmigo, yo soy omnipotente.

El miedo

Intentemos penetrar ahora en las entrañas del misterio y esforcémonos por descubrir y analizar el entrelazamiento existente entre lo divino y lo humano.

Comencemos afirmando que el enemigo número uno del corazón humano es el miedo. El aguijón de la muerte no es la muerte, sino el miedo a la muerte. La verdadera desdicha del fracaso no es el fracaso, sino el miedo al fracaso; y así sucesivamente. Para identificar el miedo también podríamos utilizar otras palabras equivalentes, como angustia, ansiedad, tristeza. Pero la palabra miedo sintetiza todo.

La Biblia nos repite invariablemente: "Yo estoy contigo, no tengas miedo". A simple vista, parece obvio que la causa que desencadena un efecto es la presencia divina ("yo estoy contigo"); y el efecto producido es la remoción del miedo ("no tengas miedo"). Hay, pues, una relación de causa y efecto.

Iniciemos el análisis del fenómeno miedo

En el fondo del miedo está la soledad, entendiendo por soledad el hecho de sentirse solo; y esto, a su vez, equivale a sentirse desvalido, indigente; a todo lo cual siempre lo hemos llamado solitariedad.

Hay factores que dramatizan la sensación de soledad. En primer lugar, el factor temperamental: hay quienes nacieron con una predisposición especial a sentirse desvalidos. Hay otros a quienes ciertos acontecimientos desdichados de su historia los dejaron alicaídos y acomplejados. Por otro lado, una alta responsabilidad hace sentirse al hombre solitario, porque el peso de una responsabilidad es el peso de una soledad.

Y aquí y ahora nace el miedo como consecuencia de esa soledad desvalida. En las entrañas del miedo prevalecen otros sentimientos, como la incertidumbre y la inseguridad. Podemos afirmar que el miedo es esencialmente inherente al hecho de sentirse hombre, por su radical indigencia y soledad.

El miedo acompaña al hombre bajo muchas formas, como aprensión, desasosiego, pavor... Con frecuencia, aunque larvado, puede ser constante, aunque el hombre no tenga conciencia de ello.

Algunas formas del miedo pueden estar enterradas en los estratos profundos del subconsciente. Son fuerzas oscuras que no se sabe de dónde vienen y adónde nos llevan. Puede haber, pues, un estado de miedo. En este caso, el miedo entra a formar parte constitutiva de la personalidad.

El hecho de vivir incluye de alguna manera una cierta amenaza general. Cuando un hombre se propone algo o proyecta grandes empresas, el peligro se instala al acecho en su puerta. El ser humano puede desear ardientemente la independencia y luchará por ella, pero no podrá evitar el tener que vivir inscrito en un sistema o grupo social; con lo cual, la competencia desleal y los eventuales conflictos podrán estallar a su lado en cualquier emergencia, lo que implica que su independencia vendrá a ser relativa o nula. En las entrañas del miedo puede nacer y crecer con frecuencia la resistencia mental, resistencia, por lo general, sorda y oscura, contra algo que intuimos como posible peligro o amenaza de nuestra seguridad. A esta resistencia se la podría llamar angustia, pero en realidad es miedo.

Teóricamente, la angustia es hija del miedo, pero no raras veces ignoramos dónde está la madre y dónde la hija. Y digamos de paso que, aunque mucho se parezcan, el miedo, de por sí, nada tiene que ver con la timidez.

No siempre el miedo tiene una motivación objetivamente válida, sobre todo cuando se dan algunas dosis de subjetivismo. Por eso, el miedo tiende a crear fantasmas, ve sombras, vislumbra enemigos y los sobredimensiona. Y así, la persona subjetiva puede vivir, sobre todo en momentos de crisis, entre alucinaciones, sospechando amenazas por todas partes, imaginando conspiraciones. Aquí se impone una conclusión: removido el miedo, los enemigos desaparecen, porque, frecuentemente, éstos no suelen ser sino hijos del miedo.

Gloriosa libertad

En el intento en que nos hallamos de que lo divino y lo humano se den la mano, ahora llegamos al momento crucial.

¿Por qué, de qué manera la presencia de Dios ("yo estoy contigo") desplaza y anula el miedo? La presencia divina no "ataca" directamente al miedo, sino a la soledad, madre del miedo.

Cuando el hombre abre los espacios interiores hacia Dios en la fe, en la oración; cuando siente que su solitariedad fría y vacía queda inundada por la cálida presencia divina; cuando percibe que su desvalimiento e indigencia radicales quedan neutralizados por el poder y la ternura de Dios; cuando el hombre llega a experimentar que ese Dios que le da tanta solidez es, además, y sobre todo, su Padre, que lo envuelve como un manto y lo acompaña día y noche llenándolo de fortaleza y certidumbre..., entonces, ¿miedo de qué? Dice el salmo: Si el Señor es mi fuerza y mi salvación, ¿a quién temeré? Si el Señor es la defensa de mi vida, ¿quién me hará temblar?

El miedo ha desaparecido porque la soledad ha quedado poblada de Dios. Y, en este momento, el ser humano comienza a participar de la omnipotencia divina. Como dice Pablo: ni la vida, ni la muerte, ni los ángeles, ni los principados, ni las fuerzas del infierno y de la muerte, nada ni nadie podrá contra mí. Volvemos a repetir: si el Omnipotente está conmigo, yo soy omnipotente.

Y este sentimiento, a su vez, va acompañado de euforia, júbilo y libertad. El ser humano, de tal manera se siente arropado, de tal manera cohesionado e invencible que no siente miedo de nada; no le afectan las mezquindades humanas ni le alcanzan los dardos, nada le hiere, nada le lastima y se siente como una ciudadela completamente resguardada. Es la gloriosa libertad de los hijos de Dios.

El día que me ronde la desdicha, o la muerte llame a mi puerta, o cuando los resentidos de siempre me empujen para derribarme o me disparen flechas envenenadas, ningún mal temeré, porque tú estás conmigo.

En la interioridad

Si en cualquier circunstancia, en cualquier avatar de mi existencia llevo abierta dentro de mí la llave de la alegría, ya nos hemos encontrado con el sentido de la vida que con tanto afán buscábamos y del que carece gran parte de la humanidad.

Pero tanta belleza no estará al alcance de mi mano como por arte de magia. Lo fácil es barato, y lo barato carece de valor. Este sentido de la vida que hemos denominado gloriosa libertad presupone una viva experiencia de Dios, convertirme en un verdadero amigo e hijo de Dios. Y no hay otra manera de forjar una gran amistad divina sino con un trato frecuente y profundo.

Soy yo quien tiene que buscar refugio bajo sus alas y dejarme arropar por mi Padre. La cuestión es una sola: buscar su rostro, que la luz de su presencia ilumine todos mis espacios interiores.

Si Dios, vivo y vivificante, es en la interioridad humana el secreto de tan gran libertad, entonces una sola cosa resta por hacer: vivir en el templo de su intimidad, cultivar su amistad, acoger su presencia, experimentar vivamente la ternura del Señor. Con otras palabras: que Dios no sea para mí un entramado de teorías y silogismos para organizar debates intelectuales o justificar intereses personales, sino que sea, dentro de mí y para mí, una persona concreta y viviente: padre, madre, esposo, amigo, mi Dios verdadero.

En cualquier recodo del camino esperan al hombre acechanzas y trampas. Necesita refugios donde guarecerse. Ha aprendido a no confiar en los poderosos de la tierra, y sabe por experiencia que sólo salvan el poder y el cariño de Dios. Este poder y cariño suscitan la confianza del ser humano, y en esta confianza se fundamenta su seguridad, y esta seguridad se le transforma en el gozo de vivir. He ahí el sentido de la vida.

EL SENTIDO DE LA VIDA

En estos 25 últimos años he escrito once libros, he grabado más de 30 casetes de audio y seis de vídeo, y he dirigido innumerables Jornadas y Semanas de Experiencia de Dios en 29 países, en tres continentes. Durante este largo lapso de tiempo sólo dos empresas he acometido y llevado a cabo, y apasionadamente.

Primera. He volado por la rosa de los vientos soltando al aire el nombre sagrado de nuestro Dios. Dejé jirones del alma por tierra, mar y aire proclamando la feliz noticia del amor gratuito y eterno de Dios Padre.

Mediante una actitud incondicional de abandono y sumisión a la voluntad del Padre, he enseñado a millares de personas a liberarse de tristezas y angustias; a recuperar, en fin, la estabilidad emocional y la alegría de vivir.

He conducido a decenas de millares de personas por el camino de la oración de una manera metódica y progresiva, desde los primeros pasos hasta las alturas de la contemplación transformante, convirtiéndolos en amigos y discípulos del Señor.

Segunda. Me he asomado a millares de grutas humanas y he visto cómo el sufrimiento, con sus mil rostros, iluminaba de resplandores rojos el horizonte de la existencia humana. Me duele el corazón.

He mezclado mis lágrimas con las lágrimas de los afligidos. He insuflado vida y esperanza en los deprimidos, y he visto levantarse de la agonía de la postración a tantos abatidos. He enseñado a enjugar lágrimas, extraer espinas, ahuyentar sombras, disecar fuentes de angustias; en fin, me he esforzado por llevar a cada puerta un vaso de alegría.

He presenciado situaciones límite que me han dejado deshecho; he visto casos en que la enfermedad fue apretando y asfixiando inexorablemente al paciente en medio de indescriptibles molestias y náuseas durante meses, hasta que la llama se apagó. He conocido casos en que una miserable calumnia dejó a una familia entera en la calle, casos en que una bancarrota financiera dejó al padre de familia cubierto de vergüenza y a sus familiares en la pobreza.

A veces, una fe ardiente les confirió un poco de consolación. Otras no tenían fe o la tenían débil, y yo tuve que desvivirme para apartarlos de la tentación de autoinmolarse.

Aquí entregamos al lector el sentido de la vida.

No ha sido fácil la tarea de la selección. Lo que entregamos son tan sólo unas ramitas desgajadas del frondoso árbol de mis once libros. Demasiado contenido para tan escuetos extractos.

¿Qué criterios hemos seguido a la hora de confeccionar la presente selección? Ante todo, hemos procurado aquello que distingue nuestra obra en general; esto es, la unidad entre lo humano y lo divino: promover el Reino de Dios y hacer felices a los hermanos, porque en las once entregas, hay libros que visualizan eminentemente la amistad divina, y otros que buscan la liberación interior y la armonía en las relaciones humanas: fe y humanismo.

En segundo lugar, hemos buscado aquellos textos que, en sí mismos y por sí mismos, expresan cabalmente un mensaje.

A la hora de seleccionar los extractos que se refieren al Pobre de Nazaret, hemos optado por los fragmentos que se expresan en forma metafórica o poética, porque estamos convencidos de que Jesús no se puede hablar sino entre evocaciones y metáforas.

En suma, este libro lleva al lector de sorpresa en sorpresa, a fin de que, paulatinamente, vaya adquiriendo un conjunto de intuiciones y convicciones que iluminen su vida con una luz que hemos denominado el sentido de la vida.

IGNACIO LARRAÑAGA

ENERO

1 de enero

Todos los caminos son buenos
si conducen a la morada donde habita
un alma necesitada.

2 de enero

Los barcos varados esperan la marea alta
para hacerse a la mar;
pero nosotros, con nuestros apuros,
no podemos anticipar las mareas.

3 de enero

Derribar las murallas del egoísmo,
crear un corazón nuevo,
trocar los motivos
y criterios del hombre,
trabajar por los demás
con el mismo interés como si
trabajara por mí mismo,
despreocuparse de sí mismo
para preocuparse de los demás,
adquirir la capacidad de perdonar,
comprender... Todo eso es tarea de
siglos y milenios. Ésa es la gran
revolución de Jesucristo.

4 de enero

¡Criatura singular el hombre, que lleva
reflejada en lo más profundo
de sus aguas la imagen de un Dios!
Y por esta impronta eterna, somos,
inevitablemente, buscadores
instintivos del Eterno, caminantes
que, en un movimiento de retorno,
navegamos río arriba en busca de la
Fuente Primordial. En suma,
¡peregrinos de lo Absoluto!

5 de enero

Salida, asombro, fascinación,
anonadamiento, espanto.
Una impresión contradictoria.
¿Quién eres tú y quién soy yo?,
es pregunta, es respuesta, es admiración,
es afirmación; adorar, aceptar humilde
y profundamente que el Señor sea
Altísimo y que el Hermano sea
pequeñito; adorar, no resistir
sino aceptar todo maravillado y
agradecido, comenzando por la
propia pequeñez; adorar,
arrodillarse a los pies de la creación
para lavar los pies, vendar heridas,
poner a los gusanitos en lugar seguro,
servir a la mesa, reverenciar lo insignificante,
no despreciar nada, ser hermano
mínimo entre los hermanos

pequeños de la creación; adorar,
aceptar gustosamente que el
Presente sea el Distante, y que Aquel
que es la esencia de mi existencia
sea al mismo tiempo la Otra Orilla:
quedar quieto, mudo, estático, amar.

6 de enero

Las flores perecen, pero las semillas
permanecen.

7 de enero

Ustedes presumen conocerme,
¿verdad?, respondió Jesús.
Se equivocan.
No vengo del País del Norte,
ni del gran círculo de la luz,
ni de las islas remotas.
Vengo de una Patria profunda,
alta y distante.
Mi Padre es mi Patria.

8 de enero

Estás sustancialmente presente
en mi ser entero. Tú me comunicas
la existencia y la consistencia.
Eres la esencia de mi existencia.
En ti existo, me muevo y soy.
Eres el fundamento fundante de mi realidad,
mi consistencia única y mi fortaleza.

Todavía no ha llegado la palabra
a mi boca, todavía mi cerebro
no ha elaborado un solo pensamiento,
todavía mi corazón no concebió
un proyecto, y ya todo es
familiar y conocido para ti:
pensamientos, palabras,
intenciones, proyectos.
Sabes perfectamente el término
de mis días y las fronteras de mis sueños.
Dondequiera que esté yo,
estás tú; dondequiera que estés tú,
estoy yo; yo soy; pues,
hijo de la inmensidad.

9 de enero

La vida es un privilegio. ¿Quién
puede abatir la altivez de las montañas
o detener la marcha de las estrellas?
Dejar que las cosas sean; he ahí la fuente de la paz.
Respetar las cosas pequeñas.
Las grandes se hacen respetar por sí solas.

10 de enero

El cordero, respondió Jesús, puede
ser devorado por los lobos
en la oscuridad de la noche; pero la
sangre teñirá las piedras del camino,
que delatarán el crimen hasta que
la aurora revele todo el misterio.

11 de enero

El amor que no se da
continuamente, está muriendo
lentamente.

12 de enero

María se perdió silenciosamente
en su Hijo.

13 de enero

Tú eres mi roca y mi ancla.
En ti están hundidas mis raíces.
En tus manantiales beberemos
aguas de vida eterna. En tus brazos,
cálidos y potentes, dormiremos
mientras dure la tempestad.
Tú llenarás de luz nuestros horizontes,
de seguridad nuestros pasos,
de sentido nuestros días.
Tú serás el faro y la estrella,
la brújula y el ancla, durante
la travesía de nuestra vida.

14 de enero

Esta vida es siempre una partida.
Siempre un desprendimiento y una
ofrenda. Siempre un tránsito y una
pascua. Hasta que llegue el Tránsito
definitivo, la Pascua consumada.

15 de enero

El apostolado sin silencio,
es alienación; el silencio,
sin apostolado, es comodidad.

16 de enero

Todo parece fatalidad ciega.
Sucesivas desgracias caen sobre
nosotros con tanta sorpresa como
brutalidad. La traición nos acecha
detrás de las sombras, y ¿quién iba
a pensar?, en la propia casa. A voces
se experimenta la fatiga de la vida
y hasta ganas de morir.
¿Qué se consigue con resistir los
imposibles? En esos momentos nos
corresponde actuar como María:
cerrar la boca y quedar en paz.
Nosotros no sabemos nada. El Padre
sabe todo. Si podemos hacer algo
para mudar la cadena de los
sucesos, hagámoslo. Pero ¿para qué
luchar contra las realidades que
nosotros no podemos cambiar?

17 de enero

Creer es confiar. Creer es permitir.
Creer, sobre todo, es adherirse,
entregarse. En una palabra, creer es amar.

18 de enero

¡Dios mío; me desbordas,
me sobrepasas, me trasciendes
definitivamente! ¡Qué razón tenía
aquél que dijo que lo esencial
siempre es invisible a los ojos!
Eres verdaderamente sublime,
por encima de toda ponderación;
Dios mío, ¿quién como tú? ¡Oh presencia,
siempre oscura y siempre clara!
Eres aquel misterio fascinante que,
como un abismo, arrastras mis aspiraciones
en un vértigo sagrado, aquietas mis
quimeras, y sosiegas las tormentas
de mi espíritu. ¡Quién como tú!

19 de enero

A María ya la conocemos:
silenciosa como la paz, atenta como
un vigía, abierta como una madre.

20 de enero

El liberador es Dios, pero la
liberación no se consumará
mágicamente. Mientras el hombre
se mantenga centrado en sí mismo,
encerrado en los muros del egoísmo
será víctima fatal de sus propios
enredos y obsesiones, y no habrá
liberación posible. El problema

consiste siempre en confiar,
en depositar en sus manos las
inquietudes, y en descargar
las tensiones en su corazón.

21 de enero

¡Cómo sería el cuidado y la
atención de Juan sobre los últimos
años de la vida de la Madre, cuando
sus fuerzas declinaban notoriamente
y su espíritu tocaba las alturas más
altas...! ¡Cómo sería el suspenso, la
pena y... (¿cómo decir?) casi
adoración, cuando Juan asistió
al tránsito inefable de la Madre
y cerró sus ojos!
Juan fue, seguramente, el primero
en experimentar aquello que nosotros
llamamos la devoción a María: amor
filial, admiración, disponibilidad, fe...

22 de enero

Como la muerte no tiene ojos ni
corazón, en una tarde de invierno se
llevó a la joven madre. Cinco
huerfanitos. Esto sucedió hace veinte
años. Los huerfanitos ya son
hombres. La joven madre es un
recuerdo tan lejano..., ya nadie se
acuerda de ella.

23 de enero

Respondió Jesús:
Breve como un
día de invierno, simple como una
caña recta ha sido mi vida: sembrar
y morir. Así como el destino de los
meteoros es perderse en los espacios
siderales, mi peregrinación acabará
en el santuario de la muerte.
Despúes de sembrar la semilla, sólo
me resta prepararme a morir.

24 de enero

¿Dónde está el Encantador que
transforme los sueños en carne,
los lamentos en canciones, el luto en
danza, la muerte en vida? Ya viene.

25 de enero

Padre, soy una nave que,
combatida por las olas,
busca refugio en el puerto.
Una sola brújula ha guiado
mi nave: cumplir tu voluntad.
Pero se me ha extraviado la brújula,
y ya no sé en qué dirección navegar.
Vengo a ti otra vez
para que me indiques
el camino exacto.

26 de enero

Señor,
envíame cada alborada un ángel
para que arranque de mi corazón los
cardos y las ortigas, por si, durante
la noche, el enemigo los hubiere
plantado. Padre, estoy metido en el
punto exacto donde se cruzan las
corrientes; no sueltes tu mano de mi
mano, y no te olvides de cantarme
cada noche la canción de cuna.

27 de enero

Todo, en la vida, está sometido
a esas tres temibles leyes:
la ley del desgaste,
la ley del olvido
y la ley de la muerte.
A esos tres inexorables océanos
se le escapan al hombre
todas sus posesiones: la gloria,
la belleza, la salud, la vida...
Todo se le deshace, todo se le desgasta,
todo se le desmorona, todo se le desvanece,
en suma, todo se le va, y nada puede
retener. He ahí su mayor desdicha.

28 de enero

La justicia ha sido trascendida
por la misericordia.

29 de enero

Sólo quien muere bajo la nieve verá
el estallido de la primavera.

30 de enero

Hoy hace exactamente un año...
¡qué disgusto tuvimos!, un disgusto
de muerte. Noches enteras sin
dormir. Hoy nadie se acuerda de
aquello. Más tarde llegaron otros
disgustos, casi peores. También éstos
se esfumaron. Para dicha o desdicha,
el tiempo todo lo cubre de polvo o silencio.

31 de enero

No en todo los momentos el alma
tiene el mismo estado de ánimo.
Cuando deja de apoyarse en Dios,
instintivamente el hombre se reclina
sobre su centro, y en ese caso,
al instante, desde todas partes hacen
su aparición las sabandijas de las
inseguridades. Entonces el hombre
busca escondites para no sufrir
ansiedad. El poder total, la libertad
completa llegan después de mil
combates e innumerables heridas.

FEBRERO

1 de febrero

Señor, me robaron el secreto de la
alegría; llego a tu casa buscando
asilo porque los mastines me
persiguen. En la inmensa oscuridad
que me envuelve, sólo alcanzo
a distinguir una estrella:
tu misericordia. Envuélveme con tu manto.

2 de febrero

La fe no es fundamentalmente una
adhesión intelectual a verdades
y doctrinas, sino un compromiso
vital con una Persona.
Las dudas intelectuales comienzan
allá donde comienza a debilitarse
la adhesión vital a Jesucristo.

3 de febrero

Hablar con Dios no significa
intercambiar palabras, sino
interioridades.

4 de febrero

El corazón del hombre es un pozo infinito
que infinitos finitos jamás lo llenarán.

5 de febrero

Breves fueron mis días entre
ustedes, respondió Jesús. Si mi voz
llega debilitada a sus oídos
y mis palabras se desvanecen
en su recuerdo, mi muerte perdurará
como un memorial en sus alturas
de edad en edad. En Jerusalén
terminaré, acabó diciendo.
Pero de nuevo volveré del gran silencio
como vuelve la pleamar. De nuevo
nos comunicaremos y nos sentaremos
a la mesa, y la fiesta no tendrá fin.

6 de febrero

Estaba acostumbrado a escuchar el
silencio, y en el silencio había oído
las voces de la humanidad doliente.

7 de febrero

Cuando fallan todas las seguridades,
cuando todos los apoyos humanos
se han derrumbado y han desaparecido
los atavíos y las vestiduras, el hombre,
desnudo y libre, casi sin pretenderlo,
se encuentra en las manos de Dios.
Un hombre desnudo es un hombre
entregado, como esas aves
desplumadas que se sienten gozosas
en las manos cálidas del Padre.

Cuando no se tiene nada, Dios
se transforma en todo.

8 de febrero

Es imposible escuchar la canción
de la tierra en el rumor de las calles.

9 de febrero

No se oirán gritos en el viento,
ni clamores en las plazas.
Transitará por las calles al son
de una música silenciosa.
No destrozará la caña cascada;
no apagará la mortecina
llama de la lámpara.
Ha sido enviado para derramar
bálsamo sobre las heridas,
consolar a los destrozados,
liberar a los cautivos, trocar el luto
en vestido de fiesta y hacer de los pobres
un linaje de alta alcurnia.

10 de febrero

Dios no es una abstracción
especulativa, sino una persona
viviente, y a una persona
se la "conoce" en la intimidad
del trato personal.

11 de febrero

El que recibe todo no se siente con
derecho a nada. Nada reclama. Nada
existe. Al contrario, todo lo
agradece. La gratitud es el primer
fruto de la pobreza.

12 de febrero

El obstáculo más temible,
en el camino de la fe,
es el silencio de Dios.
"Dios es aquel que siempre calla;
he ahí el fondo de la tragedia",
decía Unamuno.

13 de febrero

De ahora en adelante, dijo Jesús,
los judíos y los romanos, los
samaritanos y los asirios son
hermanos. De nada valen ya las
coordenadas genéticas y las leyes
de la consanguineidad. Cayeron
para siempre las fronteras de las
naciones, y será reducido a cenizas
el nombre sagrado de patria,
y el viento esparcirá sus cenizas
por todos los continentes.
Ya no se construirán más torres
sobre los huesos vencidos.

14 de febrero

El amor convierte el viento
en canción a condición de que
la flauta esté vacía.

15 de febrero

Voy a salir, respondió Jesús,
en busca de los pájaros con alas
heridas, y que la bandada los dejó
atrás. No descansaré hasta
amontonar todas las tristezas del
mundo, como hojas secas, para
enterrarlas en el fondo del jardín.

16 de febrero

Siempre hablamos del
Todopoderoso, ¿cuándo
comenzaremos a hablar del
Todo amoroso?

17 de febrero

Dios es impalpable como una
sombra y, al mismo tiempo,
sólido como una roca. El Padre es
eminentemente Misterio,
y el misterio no se deja atrapar
ni analizar. El misterio, simplemente,
se acepta en silencio.

18 de febrero

Exulte la tierra entera y salten de
alegría las islas innumerables ante
esta gran noticia: nuestro Dios está
vestido de un manto de misericordia,
le precede la ternura y le acompaña
la lealtad, y, desde siempre y para
siempre, avanza sobre una nube
en cuyos bordes está escrita la palabra Amor.

19 de febrero

¿Cómo será posible poner perdón
allá donde el instinto reclama venganza?
¿Quién podrá poner suavidad allá donde
el corazón exige violencia, y dulzura
allá donde hay amargura?
Será necesario invertir antes
las viejas leyes del corazón
y realizar una revolución en los impulsos
espontáneos del corazón.
¿Quién podrá organizar esta
revolución? Sólo Jesucristo.

20 de febrero

¿Que expresa Cristo Crucificado? Sufrir y amar,
reducir el amor a cenizas en la pira del amor;
levantar sobre el mundo un holocausto final
en que se fundan en un abrazo para
siempre el dolor y el amor.

21 de febrero

Se alteró desde ahora el primer mandamiento:
ya no consistirá en amar a Dios,
sino en dejarse amar por él.

22 de febrero

La vida es más débil que la muerte,
pero la muerte es más débil que el amor.

23 de febrero

Señor, señor, gravitación eterna
de los horizontes; eres aurora sin ocaso,
profundo como el mar azul,
inmutable como las rocas,
vestido de belleza y esplendor.

24 de febrero

Cristo es el único que puede
descender a los abismos del miedo
y encantar nuestro horror al vacío.

25 de febrero

He entregado a los pobres,
dijo Jesús, la llave de la felicidad,
vaciando mis manos llenas
en sus manos vacías, porque
no se conoce felicidad mayor
que hacer felices a los demás.

26 de febrero

Una sociedad sin Dios acaba
convirtiéndose en una sociedad
contra el hombre; y si emprendemos
el viaje sin retorno hacia la región
del vacío: antes de morir,
ya estamos muertos.

27 de febrero

Cuando la lámpara se apague,
Cristo será nuestro puerto final.
Ahí dormirán nuestros remos cansados,
nuestras pasiones agitadas y nuestros
sueños imposibles.

28 de febrero

El corazón humilde deja que las
cosas sean lo que son.

MARZO

1 de Marzo

Después de completar tiempos,
de cruzar en muchas direcciones
los viejos caminos, y de llenar
los archivos propios de recuerdos
dormidos, el hombre por sí mismo,
y en virtud de ese precipitado
que deja la vida, y que llamamos
sabiduría, llega a la conclusión
definitiva de que la verdadera
fuente de paz y alegría, de seguridad
y libertad, es Dios, sólo Dios:
tu gracia vale más que la vida.

2 de Marzo

Dame, Señor, la sabiduría para
comprender que ningún ser humano
es capaz de captar enteramente
la verdad toda, y que no existe error
o desatino que no tenga alguna
parte de verdad.

3 de Marzo

Señor, mi Dios,
yo te bendigo y te alabo
porque en tu santa y dulcísima voluntad

has permitido que las sombras
del crepúsculo desmayasen
el colorido de mi juventud;
porque quisiste que yo fuese,
no un astro ni siquiera un cáliz
brillante y hermoso
sino un grano de arena,
simple e insignificante,
en la inmensa
playa de la humanidad.

4 de Marzo

El amor tiene un nombre concreto,
una figura determinada y una
historia apasionante: Jesucristo en la
cruz, entregando la vida por los amigos.

5 de Marzo

Si tienes una espléndida figura
física, seguramente la amarás. Pero
¿será amor? Probablemente existe
una simbiosis entre ti y tu figura.
En el fondo puedes decir: yo soy mi figura.
una simpatía irradiante, seguramente
vas a amarlas. ¿Amar qué? ¿Tu
cualidad o tu persona? Normalmente
no existe amor ni odio, rechazo ni
acogida de mi persona, sino de las
partes de mi persona.
No vas a tener problemas en aceptar

y amar lo que hay de agradable
en tu persona. Tus problemas
comenzarán cuando te encuentres
con los aspectos de tu persona que
no te gústan. Ahí comienzan los rechazos.

6 de Marzo

El adorador es una conciencia
dominada por el asombro;
y asombro es un desprendimiento,
un salirse del centro de sí mismo,
de aquellas ataduras, apropiaciones
y adherencias mediante las cuales
se ata a sí mismo y las criaturas
a su argolla central.
Sólo el asombro puede sacar
al hombre de su aislamiento
egocéntrico y liberarlo de las
autocomplacencias y autosuficiencias.
Se necesita estar libre de sí mismo
para poder admirar y adorar.

7 de Marzo

Te doy gracias, Padre mío, porque
has sido la sombra fresca que me ha
cobijado durante todo este día.
Te doy gracias porque –invisible,
cariñoso, envolvente– me has
cuidado como una madre,
a lo largo de estas horas.

8 de Marzo

No hay distancias que puedan
separarme de ti. No hay oscuridad
que te oculte. No eres, sin embargo,
ningún detective que vigile mis
pasos, sino el Padre tierno que cuida
las andanzas de sus hijos. Y, cuando
tengo la sensación de ser un niño
perdido en el páramo, tú me gritas
con el profeta: Aquí estoy, contigo
estoy, no tengas miedo".
Me envuelves con tus brazos, porque
eres poder y cariño, porque eres
mi Dios y mi Padre, y en la palma
de tu mano derecha llevas escrito
mi nombre, en señal de predilección.
Adondequiera que yo vaya,
estás conmigo.

9 de Marzo

Dame Señor la sensatez para
reconocer que también yo puedo
estar equivocado en algún aspecto
de la verdad, y para dejarme
enriquecer con la verdad del otro.
Dame, en fin, la generosidad
para pensar que también el otro
busca honestamente la verdad,
y para mirar sin prejuicios y con
benevolencia las opiniones ajenas.

10 de Marzo

La tentación eterna del hombre
es la idolatría. Cualquier criatura:
éxito, fuerza, poder y juventud,
dinero, belleza seducen al hombre,
y el hombre se deja seducir, y dobla
las rodillas, y adora. Es difícil,
por no decir imposible, dedicar la devoción
y el tiempo a varios dioses simultáneamente.
Sólo cuando el gusano roe las entrañas
de los ídolos, los sueños huyen
y se alejan por las sendas pálidas,
los muros se vienen abajo, piedra a piedra,
y el hombre queda desnudo
y desarmado a la intemperie,
sólo entonces el hombre está
en condiciones de adorar; y sólo
entonces, es cuando Dios se levanta
como consistencia, firmeza y perennidad.

11 de Marzo

Hay gestos que, inequívocamente,
son portadores de cariño:
una sonrisa, una breve visita,
una pregunta sincera: "¿Cómo va
esa vida?", "¿cómo te sientes hoy?",
un pequeño servicio, el vivir con
el corazón en la mano. ¡Es tan fácil
hacer feliz a una persona! Basta
una palabra, un gesto, una sonrisa,

una mirada. ¡Qué hermosa "profesión",
ésta de hacer felices a los demás,
siquiera sea por un momento!
Llevar un vaso de alegría al prójimo,
¡qué tarea tan fácil y sublime!

12 de Marzo

Para entrar en el Reino el hombre
tiene que comenzar por derribar
golpe a golpe la estatua de sí mismo,
renunciar a los propios delirios
y fantasías, desnudarse de vestiduras
artificiales y arrancarse las máscaras
postizas, aceptar con naturalidad
la propia contingencia y precariedad,
y presentarse ante Dios como un niño,
como un pobre y un indigente.

13 de Marzo

Te bendigo en la lucha y en el trabajo,
en las piedras y asperezas de la subida;
y el llanto que hoy derramo
es el dulce rocío de la corola
de mi alma agradecida
que te bendice en el tedio y en la pobreza,
en la niebla gris de la tristeza,
porque, así y todo, me diste, cariñoso,
esta bóveda azul e infinita
para cubrir, oh Señor, mi desdicha.

14 de Marzo

La conversión es, casi siempre,
una carrera de persecución en la que
el hombre va experimentando
alternativamente la dulzura de Dios
y el encanto de las criaturas hasta
que, progresivamente, éstas se van
decantando, y se afirma y confirma
definitivamente la Presencia.

15 de Marzo

Siendo la benovolencia el primer
instinto humano, tanto la
benevolencia que se da como la que
se recibe, ¡qué mal se siente el
hombre cuando no lo quieren!,
y peor cuando lo desestiman,
y mucho peor cuando lo rechazan.

16 de Marzo

Ten siempre presente que la
existencia es una fiesta, y el vivir,
un privilegio. Hay una planta que
debes cultivar diariamente con
especial cuidado y mimo: la alegría.
Cuando esta planta inunde tu
casa con su fragancia, todos tus
hermanos, y hasta los peces del río,
saltarán de alegría.

17 de Marzo

Desprendido de sí y de sus cosas,
el corazón humilde entra en el seno
profundo de la libertad.
Le tienen sin cuidado lo que piensen
o digan de él, y su morada
permanente está en el reino
de la serenidad.
Nada tiene que defender, porque
nada posee. A nadie amenaza y por
nadie se siente amenazado.

18 de Marzo

La sed de Dios nunca nos deja
en paz, aunque siempre nos deja
la paz: una sed tan misteriosa que,
cuanto más se sacia, más insaciable
se torna, como aquella zarza que
siempre ardía y nunca se consumía.

19 de Marzo

Jesús, en Nazaret, hizo del silencio
su música y del anonimato su domicilio.

20 de Marzo

El "yo" (imagen fantaseada) es una
ilusión, una ficción que nos seduce,
una mentira que ejerce sobre el
hombre una cruel tiranía: está triste

porque su imagen perdió brillo.
Se lo ve abatido porque su
popularidad ha bajado. Está
deprimido porque su prestigio se
hizo polvo. Como se ve, el "yo"
le roba al hombre la alegría y la paz.
Anda obsesionado por quedar bien,
por causar buena impresión. Vive
ansioso por saber qué piensan de
mí, que dicen de mí, y al zigzag
de estos altibajos, el hombre sufre,
teme, se estremece. La vanidad y el
egoísmo atan al hombre a una
existencia dolorosa e inquietante.

21 de Marzo

Dice la esperanza: nací del seno
de la muerte; y por eso la muerte
no puede alcanzarme. Aunque miles
de veces me digas que está todo perdido,
miles de veces te responderé que
todavía estamos a tiempo.
Si hasta ahora los éxitos y fracasos
fueron alternándose en tu vida,
desde ahora el Resucitado vencerá tu
egoísmo, y florecerá la primavera
sobre tus hojas muertas.

22 de Marzo

Jesús pudo haber sido mármol,
prefirió ser olvido.

23 de Marzo

María Virgen es imagen de la
Iglesia virgen. Los caminos que
recorren los libertadores,
en medio de la noche, son caminos
de soledad. Toda mujer desea tener
hijos, alguien a su lado que
le brinde protección, cariño
y seguridad; quiere tener vestidos
para brillar, joyas para lucir, una casa
para cobijarse. Una virgen es una
caminante solitaria que atraviesa una
noche fría. Es una figura solitaria
pero fascinante. Su soledad contiene
un resplandor latente. Ella es tierra
de Dios, la heredad exclusiva del
Señor, sólo Dios tiene acceso y
dominio sobre este territorio. Eso fue
María virgen, y eso tiene que ser
la Iglesia virgen: caminos de fe,
humildad, pobreza, servicio,
disponibilidad, entre persecuciones,
combates y esperanzas.

24 de Marzo

El Padre nos espera en su casa
con una mesa adornada con flores
de manzano; y nos reconocerá,
nos dará la mano, nos hará sentar
a la mesa, y comenzará la fiesta,

una fiesta que no tendrá fin.
Por fin vamos a saber dónde está
el secreto de la perfecta alegría.

25 de Marzo

Soledad, silencio, pobreza,
virginidad –conceptos tan
condicionados y entrecruzados–
no son ni tienen en sí mismos valor alguno;
son vacíos y carecen de valor.
Sólo un contenido les da sentido y valor: Dios.

26 de Marzo

Tengo la impresión de que mucha
gente confunde "gustar" con "amar".
Creen que aman todo lo que les gusta.

27 de Marzo

Avanzando por una ruta de palmas
y laureles, podemos convertirnos
rápidamente en prisioneros de nosotros mismos.

28 de Marzo

No es la fatalidad ciega la que,
como un negro corcel, impone
y determina cuanto sucede a nuestro
lado, ni somos hojas de otoño
a merced de las reacciones psicológicas
o de los condicionamientos genéticos.

29 de Marzo

Esas estrellas azules y rojas
parpadean desde la eternidad.
Sé como ellas: no te canses de
brillar. Siembra por los campos
secos y las cumbres agrias
la esperanza y la paz, aunque tus ojos
no vean las espigas doradas.
Los hambrientos un día la verán.
Camina. El Señor será luz para tus
ojos, aliento para tus pulmones,
aceite para tus heridas, meta para tu
camino. Ven. Comencemos otra vez.

30 de Marzo

En cuanto el hombre deja de
referirse o adherirse al "yo",
se apagan los temores, las angustias
y obsesiones, que son llamas vivas.
Apagadas las llamas, nace el
descanso, igual que, consumido
el aceite de la lámpara, se apaga el fuego.
Muere el "yo" y nace la libertad.

31 de Marzo

Jesús levantó olas de ilusión
en las playas de los abatidos,
entregó a los presidiarios
las llaves de sus calabozos,
y con las ruinas edificó mansiones.

Caminó de aldea en aldea
y de puerta en puerta recogiendo
tristezas y desventuras,
e hizo con ellos un hato y lo sepultó
en el fondo del lago.
Subió a la montaña para proclamar
a los cuatro vientos los derechos
de los pobres, y convocó
a la primavera para que cubriera
de flores los patios de los huérfanos.

ABRIL

1 de Abril

Como la madre que extrema sus
cuidados precisamente con el hijo
más desvalido, amarás tú esa frágil
vasija que es tu persona,
precisamente por lo que y en lo que
tiene de quebradiza, y la envolverás
con un abrazo de piedad y ternura.
Esto puede sonarte a
autocompasión, pero no lo es,
sino que es todo lo contrario.

2 de Abril

Convéncete: te salvarás de la
melancolía. Y otra cosa: sólo tú
puedes salvarte. Di a tu alma:
yo quiero vencer, y venceré.
No te olvides de que puedes mucho
más de lo que imaginas.

3 de Abril

Si los nervios me traicionaron,
si los impulsos egoístas me dominaron,
si di entrada al rencor o a la tristeza,
¡perdón, Señor! Ten piedad de mí.

4 de Abril

Los sueños, arrójalos a la basura;
las llamas, apágalas, y toma serena
y sabiamente en tus manos la fría
realidad: eres como eres. Y, de todas
maneras, a pesar de tus reticencias
y repugnancias, eres una maravilla.
Transforma tus sufrimientos en
brazos de compasión para ti mismo
y tus entrañas en un regazo
de acogida. Acéptate a ti mismo, no como
te gustaría ser, sino como realmente eres.

5 de Abril

He ahí el programa: controlar
todos los ímpetus agresivos
que se levantan desde el egoísmo,
suavizarlos, transformándolos
en energía de amor, y relacionarlos
unos con otros en forma de apertura,
comprensión y acogida.

6 de Abril

Si cuando estás angustiado
y dominado por la impresión
de que en el mundo no hubiera
otra cosa que tu disgusto, si en esos
momentos pensaras un poco
en la relatividad de todas las cosas,
¡qué copa de alivio para tu corazón!

7 de Abril

¡La ternura de la vida!: don divino
que permite contemplar las fuentes
de la vida en su frescor original.

8 de Abril

Bendito sea el hermano dolor
que nos purifica y nos prepara
para la música eterna.

9 de Abril

Sólo un niño puede ver a Dios
"sacar los ríos de los manantiales",
"regar los montes", "hacer brotar
la hierba para el ganado", "echar
la comida a su tiempo" a los animales
salvajes, "repoblar la faz de la tierra
con su aliento", "trazar fronteras en
las aguas". De la misma manera,
sólo un niño puede contemplar al Padre
alimentando a los gorriones,
vistiendo a las margaritas, regando
con la lluvia o fecundando con el sol
los campos de los justos y de los injustos.

10 de Abril

Aman las cualificaciones
superpuestas a la persona. Pero
cuando comiencen a fallar, uno por

uno, todos los polos de atracción
y quede la criatura pura y desnuda,
¿quién la amará?, ¿quién la mirará?,
¿quién se le aproximará? Sólo un
corazón puro y desinteresado.
Corazón puro es aquel que ha
sido visitado por Dios.

11 de Abril

Creer es "caminar en la presencia de
Dios" (Gn 17, 1). La fe es, al mismo
tiempo, un pacto y una actitud
que agarra, envuelve y penetra todo
cuanto es la persona humana:
su confianza, su fidelidad,
su asentimiento intelectual
y su adhesión emocional.
Compromete la historia entera
de una persona: con sus criterios,
actitudes, conducta general
e inspiración vital.

12 de Abril

No despreciaré a los que desprecian.
No maldeciré a los que maldicen.
No juzgaré a los que condenan.
No odiaré a los que explotan.
Amaré a los que no aman.
No excluiré a nadie de mi corazón.

13 de Abril

Levanta un poco la vista; mira a tu
derredor y te encontrarás con una
realidad inconmensurable, altísima:
Dios. Si miras a Dios, aquello que
tanto te preocupa te parecerá insignificante.

14 de Abril

Les aseguro, les dijo Jesús, que en
la puerta del paraíso está clavado
un rótulo que dice: aquí sólo entran
los que nada tienen.

15 de Abril

Llegará el día, añadió Jesús, que
el mar barrerá las huellas del dolor,
el viento secará las lágrimas,
el amor y la muerte se abrazarán,
y la consolación inundará todos los espacios.

16 de Abril

Un sueño enarboló nuestras vidas,
y un sueño enarbolará el festín
de la saciedad eterna.

17 de Abril

Padre mío,
estoy debatiéndome a solas con mi sombra.

Las heridas están abiertas,
y necesito el bálsamo de
la consolación. Sé que no puedo llegar
al alba sino por el sendero de la noche;
dame la mano para la travesía.
Envíame un fuerte viento de popa.
De nuevo levaré anclas. Soltaré
las amarras y partiré hacia alta mar.

18 de Abril

Transformó (Jesús) la iniquidad en
salvación y, de paso, arruinó a la
misma iniquidad.

19 de Abril

Entre la bruma del crepúsculo
y las rosas del amanecer se desatará
la tempestad, y debemos estar
preparados para no naufragar
en el oleaje.

20 de Abril

Jesús les respondió: pronto
regresaré al Hogar de mi Padre.
En mi exilio he manejado el arado
y la fragua, el martillo y el laúd,
y he jugado con sus niños. Pero
ahora soplan vientos de muerte que
me arrastrarán al Umbral.
Pasada la frontera estaré de regreso

en el Hogar de mi Padre. He voceado
en sus montañas, he velado el sueño
de sus niños y he soltado los pájaros
enjaulados. Pero llega mi hora.
Me voy.

21 de Abril

Mi Señor, dijo Jesús:
esta noche vengo a poner mis llaves
en tus manos. Por muchas que sean
las naves que surquen mis costas
y las embarcaciones que toquen mis
playas, un solo timón guía mi nave
por los altos mares: tu voluntad.
Suelta, pues, los vientos y llévame
a donde quieras.

22 de Abril

Organizar un ejército, respondió
Jesús, es tarea relativamente fácil.
No he venido a aniquilar a los
romanos. He venido a traer
otra liberación:
a sujetar a los demonios del corazón,
a transformar el odio en amor
y la venganza en perdón,
a poner en desbandada a las
legiones del egoísmo,
a devolver bien por mal y amar al enemigo,
a conquistar los imposibles y

alcanzar una estrella con la mano.
Cuando se haya culminado esta
liberación, ya no será posible en el
mundo la dominación de los unos
sobre los otros.

23 de Abril

Faltan dos semanas, respondió
Jesús, y mi vida se consumará en el
holocausto de la Gran Pascua.
Nacido en cuna de dolor, extranjero
en su propia patria, profeta
perseguido por su pueblo, no me
corresponde ahora sino ser arrojado
de la vida, exiliado de todos los
derechos, hecho Pobre absoluto
en el amor absoluto.

24 de Abril

Todo lo definitivo se consuma en
el silencio. Lo palpitante siempre
está latente.

25 de Abril

Resta ahora, agregó Jesús, el último
tramo del camino, que lo recorreré
silenciosamente: cerraré la boca,
bajaré hasta la última morada
del silencio, me dejaré arrastrar
sin ofrecer resistencia, por

el torrente de la gran tribulación.
Derramaré sobre los que me
resistían, no torrentes de ira
sino de amor, luego de enterrar
los recuerdos amargos
en las profundidades del pasado.
Al final, el amor prevalecerá
sobre todas las estrategias,
porque no hay mayor amor
que dar la vida.
A los que me empujaron
a la soledad y al destierro les ofreceré
amistad y salvación, hasta que
el amor y la muerte acaben por darse el abrazo.

26 de Abril

Es verdad, añadió Jesús. Anuncié la
aurora de nuevas fronteras.
Me cansé de repetirles que el seno
de Dios no es un coto cerrado.
Abrí vastos espacios a la
misericordia. Me senté a la sombra
de los corazones para derramar
perdón y compasión.

27 de Abril

Todavía continúa caminando entre
nosotros, al anochecer, envuelto en
el manto del silencio, derramando
a su paso luceros y semillas.

28 de Abril

Ha llegado la despedida, dijo Jesús.
El amor no alcanza su profundidad
hasta la hora de la separación.
Me voy y, al despedirme, mi amor
alcanzará la estatura de una torre
levantada sobre una colina. Después
de un breve lapso de tiempo,
el viento me arrebatará de su
presencia, y acabaré como acaban
los árboles: desnudo y erguido.

29 de Abril

La fidelidad es un duelo entre
la gracia y la libertad.

30 de Abril

Sólo desde la cumbre alta del sol
poniente, y mirando por encima
del camino recorrido, podemos
vislumbrar, y borrosamente,
la santa e imprevisible voluntad
del Padre. Mientras tanto,
no nos corresponde sino bajar la cabeza,
soltar los remos, y decir:
cuando quieras,
a donde quieras, ¡llévame!

MAYO

1 de Mayo

María,
envuélvenos en el manto
de tu silencio,
y comunícanos la fortaleza de tu fe,
la altura de tu esperanza
y la profundidad de tu amor.

2 de Mayo

¡Felices los que, en medio de la
oscuridad de una noche, creyeron
en el resplandor de la luz!

3 de Mayo

Es que siempre ocurre lo mismo:
cuanto más intensa es la luz, más
profundas son las sombras. Cuanto
más clamorosa es la manifestación
de Dios, tanto más pesado resulta
su silencio posterior.

4 de Mayo

María con su hágase entra de lleno
en la caudalosa y profunda corriente
de los Pobres de Dios, los que nunca

preguntan, cuestionan o protestan
sino que se abandonan en silencio
y depositan su confianza en las
manos todopoderosas y todo cariñosas
de su querido Señor y Padre.

5 de Mayo

¿El pecado? Es el supremo misterio
del silencio. ¿Quién lo puede pesar?
La fidelidad es un duelo entre
la gracia y la libertad. ¿Quién
la puede medir? ¿En qué grado
presiona la gracia, y en qué grado
resiste la libertad? Todo queda
en silencio, sin respuesta.

6 de Mayo

Dios, con la paciencia eterna,
consigue mucho más de nosotros
con nuestros rayos de cólera. En el
fondo, se trata de un tremendo
equívoco: queremos echar a andar la
maquinaria de la furia, diciendo:
arranquemos el mal acabando con
los malos. En el fondo se trata de
una sola cosa: incapacidad de amar.

7 de Mayo

El destino definitivo del hombre
en el devenir de la transhistoria es

derrotar el egoísmo; mejor, liberar
sus grandes energías encadenadas
hoy a sí mismo, y proyectarlas al
servicio de todos en bondad y amor.

8 de Mayo

La grandeza de María no está en
imaginarse que ella nunca fue
asaltada por la confusión. Está
en que cuando no entiende algo,
ella no reacciona angustiada,
impaciente, irritada, ansiosa
o asustada.

9 de Mayo

La fe bíblica es eso: adhesión
a Dios mismo. La fe no indica
adherencia principalmente a dogmas
y verdades sobre Dios. Es un
entregarse a su voluntad. No es,
pues, principalmente, un proceso
intelectual, un saltar de premisas
a conclusiones, un hacer
combinaciones lógicas, barajando
unos cuantos conceptos
o presupuestos mentales.
Principalmente es una actitud vital.
Concretamente se trata, repetimos,
de una adhesión existencial a la
persona de Dios y su voluntad.

Cuando existe esta adhesión integral
al misterio de Dios, las verdades y
dogmas referentes a Dios se aceptan
con toda la naturalidad y no se
producen conflictos intelectuales.

10 de Mayo

¡Otra vez la misericordia!
Y ¡sea siempre bienvenida! Desde
luego no hay otra palabra que mejor
defina a Dios; ella expresa
admirablemente los rasgos
fundamentales del rostro divino.
Es, además, hija predilecta del amor
y hermana de la sabiduría; nace
y vive entre el perdón y la ternura.

11 de Mayo

¿Entender? ¿Saber? Eso no es lo
importante. Tampoco entendió María
las palabras del niño de doce años;
sin embargo tuvo, también allá, una
reacción sublime. Lo importante
no es el conocimiento sino la fe,
y ciertamente la fe de María escaló
aquí la montaña más alta.

12 de Mayo

Sólo en la noche profunda de la fe,
cuando callan la mente y la boca,

en el silencio total y en la Presencia
Total, dobladas las rodillas y abierto
el corazón, sólo entonces aparece
la certeza de la fe, la noche se trueca
en mediodía, y se comienza
a entender al Ininteligible.
Mientras tanto, tenuemente, vamos
vislumbrando tu figura entre
penumbras, huellas, vestigios,
analogías y comparaciones.
Pero cara a cara no se te puede mirar.
Eres el Dios de la fe.

13 de Mayo

¿Quién soy ante ti? Sombra
que arrastra su propia sombra.
¿Y mis días? Hojas de otoño caídas.
¿Y mi vida? Flauta de caña, llena de
aire y de mentiras. ¿Con quién me
compararé? Con un pequeño
montón de pasto seco en el campo.
Ten piedad de la obra de tus manos.
¿Quién puede medirse contigo¿
Qué son nuestros días a la luz de tu
eternidad? Un soplo, el día de ayer,
una sombra fugitiva.

14 de Mayo

Esta es nuestra suprema tentación
en la vida de fe: querer tener una
evidencia, querer agarrar con las

manos la realidad, querer palpar
la objetividad como una piedra fría,
pretender salir de las aguas
movedizas y pisar tierra firme,
querer saltar de los brazos de una
noche oscura para abrir los ojos
y ver el sol, decir a Dios: ¡Padre
Incomparable!, dame una garantía
para asegurarme de que todo esto
es verdad, transfórmate aquí, delante
de mis ojos, en fuego, tormenta
o huracán.

15 de Mayo

Cuando se ha tocado el fondo
de la indigencia, y no resta ni una
pizca de esperanza humana;
cuando el hombre conoce y reconoce
su desvalimiento, y no le queda asidero
alguno donde agarrarse,
porque todas las vigas de sustentamiento
crujen y ceden, entonces, Dios
se levanta, en medio del camino,
como la única columna de seguridad.

16 de Mayo

Creer es un eterno caminar por las
calles oscuras y casi siempre vacías,
porque el Padre está siempre entre
sombras espesas. La fe es eso

precisamente: peregrinar, subir,
llorar, dudar, esperar, caer y
levantarse, y siempre caminar
como los seres errantes que no saben
dónde dormirán hoy y qué comerán
mañana. Como Abrahán, como
Israel, como Elías, como María.

17 de Mayo

Un puñado de cariño redime mejor
que una sarta de amenazas.

18 de Mayo

La máxima grandeza del Padre es la
compasión. En su diccionario no
existe la palabra castigo.

19 de Mayo

Si supiéramos comprender
no haría falta perdonar.
Dios nunca perdona;
siempre comprende.

20 de Mayo

Me gustaría llegar a ser
una lámpara que nunca fuera
conquistada por la oscuridad
ni apagada por el viento.

21 de Mayo

Las estrellas brillan
pero no les importa
si los lagos reflejan o no su luz.

22 de Mayo

El silencio camina por el valle
nevado, pero nadie escucha sus pasos.

23 de Mayo

El amor y la inmensidad de Dios
se extienden desde un confín
hasta el otro confín del universo,
abarcan y desbordan todas las fronteras
del espacio y del tiempo.

24 de Mayo

El hágase de María le dará
perpetuamente un formidable estado
interior de calma, serenidad,
elegancia, dignidad, una categoría
interior fuera de serie. No habrá en
el mundo emergencias dolorosas
ni eventualidades sorpresivas que
puedan desequilibrar la estabilidad
emocional de la Madre.
Antes de ser Señora nuestra,
fue Señora de sí misma.

25 de Mayo

En el círculo central de una
persecución hay noches de
insomnio, ácidos altercados,
taquicardias, rumores alarmantes,
momentos de pánico, pleitos en los
tribunales, de todo. Y, en esa
situación, cuando la nave hace agua
por todas partes, ¿en qué asidero
agarrarse? ¿dónde refugiarse? Dios,
Dios es la única ancla de salvación
en medio del naufragio universal.
En numerosas oportunidades vemos
al salmista, zarandeado en medio de
la iniquidad humana, casi ahogado,
levantando los brazos e implorando
auxilio al Señor.

26 de Mayo

¿Quién fue María? Fue la mujer
que dio un "sí" a su Señor y luego
fue fiel a esa decisión
hasta las últimas consecuencias
y hasta el fin de sus días.
Fue la mujer que extendió
un cheque en blanco, la que abrió
un crédito infinito e incondicional
a su Señor Dios y jamás se volvió atrás
ni retiró la palabra.

27 de Mayo

Uno queda abismado y estupefacto
por la infinita humildad, por la
enorme madurez y naturalidad
con las que María asume el misterio
en medio de una inmensa soledad.
La historia toda no será suficiente
para agradecer y admirar tanta grandeza.
Fue una escena inenarrable.
María, consciente de la gravedad
del momento y consciente de su
decisión, llena de paz, de pie,
solitaria, sin consultar a nadie,
sin tener ningún punto de apoyo
humano, sale de sí misma, da el gran
salto, confía, permite y... se entrega.

28 de Mayo

Al amable todo el mundo ama,
al respetable todo el mundo respeta.
Con el encantador todo el mundo simpatiza.
Pero ¿perdonar al ofensor, callar ante
una grosería, ser afectuoso con el
insoportable? Sólo aferrados
a un Jesucristo vivo se puede tragar
saliva, ceder, dejar pasar, tener
paciencia, comprender, perdonar...

29 de Mayo

El barco hace agua por todas
partes en alta mar.
No se ve nada.
¿No se ve nada o no hay nada?

30 de Mayo

Si tratamos a los árboles heridos
con aceite de ternura, en la próxima
primavera los granados florecerán,
las espigas madurarán y los racimos
brillarán al sol.

31 de Mayo

Hemos abordado el tren
sin sentido que se dirige hacia
ninguna parte para recorrer
todos los paisajes de la elusión.
Eso es la Noche Oscura del espíritu.

JUNIO

1 de Junio

¿Qué se consigue con declararnos
bautizados si los únicos ideales
que se respiran son el hedonismo,
el orgullo de la vida y el deseo loco
de ostentar y lucir? Los hijos
del Evangelio no tienen nada que ver
con el reino del dinero.

2 de Junio

He conocido innumerables
personas hundidas en el abismo
de la frustración. Por los días de su
juventud comenzaron a soñar en los
más altos ideales: felicidad conyugal,
santidad, éxito profesional, política...
Pasaron los años. Por largo tiempo
lograron mantener en alto la
antorcha de la ilusión. Luego,
paso a paso, fueron sintiendo y
comprobando la distancia que existía
entre sus sueños y la realidad.
Vieron cómo sus ilusiones se las
llevaba el viento una por una... Hoy,
a sus cincuenta o sesenta años,
se les ve decepcionados, escépticos.
Ya no creen en nada. Su ideal se

convirtió en su sepultura. Porque
no era un ideal, sino una ilusión.
El ideal es la ilusión más la realidad.

3 de Junio

La vida es movimiento y combate.
Y hay que combatir. El mundo se le
ha dado al hombre para convertirlo
en un hogar feliz. Las armas para
esta tarea son: pasión y paz. Pero
estas fuerzas se le invalidan al
hombre en la guerra civil e inútil
que le declara la angustia.

4 de Junio

Cuando el corazón es luz,
todo se viste de luz. De las altas
cumbres no bajan aguas turbias,
sino transparentes.

5 de Junio

Sentado frente al televisor, vibras
o te deprimes por los avatares
políticos, los torneos atléticos,
las marcas olímpicas, los nuevos
campeones nacionales, mientras tus
estados de ánimo suben y bajan
como si en cada momento se jugara
tu destino eterno. Pero no hay tal:
todo es tan efímero como el rocío

de la mañana. Nada permanece,
todo pasa. ¿Para qué angustiarse?

6 de Junio

Para amar es necesario ser libre.
Nuestras desgracias provienen
del hecho de extender un cordón
umbilical, el cual siempre encadena,
y por ende esclaviza. Todo cuanto
ata sujeta. Y el sujetado no es sujeto
sino objeto. Toda ligadura es, pues,
sujeción. Una cosa es tener y otra retener.
Una cosa es usar y otra apropiarse.

7 de Junio

Sí, Padre poderoso y querido;
desde el fondo más recóndito
del océano de mi alma
te alabo absorto y agradecido
y exulto en un canto de esperanza.
Si un día te atravesaste en mis planes
y programas, si apagaste un momento
la luz de mi llama, es porque, más allá
del brillo de las cosas,
de los aromas, de las flores que fenecen,
hay otro mundo más hermoso
que yo diviso,
una Patria en la que nunca anochece
y una Casa de Luz edificada sobre la
paz eterna. En tus manos me pongo;
haz de mí lo que quieras.

8 de Junio

Es diferente ser cariñoso, que hacer
caricias. Ser cariñoso significa,
en definitiva, que el otro,
a partir de mi trato con él,
percibe que yo estoy con él.
Es una corriente sensible,
cálida y profunda.

9 de Junio

Más que los principios,
es la misma vida la que va abriendo
cauces fraternos. Donde se da una
necesidad, viene la ayuda del otro.
La pobreza crea necesidades
y las necesidades abren a los hermanos
unos a otros.

10 de Junio

El poder –sólo el poder–
es muerte, el amor es vida.
Pero si enlazamos en un mismo
acorde el poder y el amor,
no habrá raíces podridas que no sanen,
ni huesos calcinados que no se revistan
de primavera, ni barrancos
que no se pueblen de cipreses,
ni muerte que no se transforme en fiesta.

11 de Junio

Dios no participa de nuestras
impaciencias, de nuestros miedos
ni de nuestros instintos de castigo.
Ha llegado la hora en que el silencio
reemplazará al grito, el cariño
a la amenaza y la misericordia a la justicia.

12 de Junio

Háblame, Señor, con la dulzura
de la brisa, la serenidad de un
atardecer, y, sobre todo, con el
resplandor inequívoco de un mediodía.

13 de Junio

Los fanáticos, los ascetas y los
tercos han hecho de ti un Dios
fanático, ascético y terco; en cambio,
bien sé yo que eres un lago azul
donde los seres humanos pueden
ver reflejado tu semblante amoroso.

14 de Junio

Señor, tú que sientes ternura por las
luciérnagas y los ciclámenes, pon tu
mano consoladora sobre mi alma turbada.
Estoy surcando mares procelosos,
he luchado cuerpo a cuerpo con las tormentas,
y estoy herido. Padre mío, haz sonar en mis

oídos aquella antigua canción de amor,
y mis mundos se apaciguarán;
y tu reino de alegría avanzará por el
mundo como una nave veloz.

15 de Junio

A Dios mismo lo tenían controlado,
apresado, aherrojado entre las
cadenas de preceptos y leyes
inventadas por ellos mismos, con sus
prohibiciones y sistemas jurídicos.
A Dios mismo lo administraban
a su gusto, medida y conveniencia.
Llegó la hora de organizar
una cruzada para liberar a Dios
de las estructuras opresoras.

16 de Junio

Aquel que camina sobre la vía láctea
miró a este mundo y no vio otra cosa
que piedras, ortigas y zarzas.
Entonces, un vendaval azotó
las costas marítimas del Padre:
era la compasión. A continuación,
un fuerte viento golpeó sus puertas:
era la misericordia. Finalmente,
una suave brisa se movió en su
corazón: era la ternura. Entonces
el Padre decidió enviar a su Hijo,
el Único, no para condenar,
sino para salvar el mundo.

17 de Junio

El humilde no se avergüenza de sí
ni se entristece.
No conoce complejos de culpa
ni mendiga compasión,
no se perturba ni se entristece.

18 de Junio

El Pobre de Nazaret puso miel
donde había miel. Dobló la mano
a las fuerzas salvajes que siembran
vientos de guerra y encadenó el odio
a la argolla de la mansedumbre para siempre.
Se fue por los mercados y plazas
recogiendo los gritos y tejiendo con ellos
un himno de silencio. Fue grande en la
debilidad y abrió para la humanidad senderos
inéditos de paz que no se olvidarán jamás.

19 de Junio

El hombre humilde respeta todo,
venera todo;
juzga, no presupone;
no tiene actitudes posesivas ni negativas.

20 de Junio

¿Qué es el *sentido de la vida*?
Es aquel valor que da valor a todos
los demás valores.

21 de Junio

Para el humilde no existe el ridículo,
le tienen sin cuidado las opiniones ajenas,
nunca la tristeza asoma a su ventana.
Una vez vaciado de sí, el humilde
llega a vivir en la estabilidad
emocional de quien está más allá
de todo cambio.

22 de Junio

Cualquiera de nosotros puede sentir
el deseo de poseer algo, de hacerlo
mío, para mí. Ese algo puede ser
una idea, una persona, un predio,
un cargo, un nombre... los hago
míos en la medida que los utilizo
para mi provecho o satisfacción.
Y así podemos establecer un
enlazamiento entre mi persona
y ese algo; a este enlazamiento
lo llamamos apropiación. Lo peor
que puede suceder es que ese algo
sea yo mismo; en tal caso me transformo
en propietario de mí mismo.
¡Gran esclavitud!

23 de Junio

Cuando el "apropiado" presiente
que su "propiedad" queda
amenazada o la puede perder,

suelta una descarga de energía
emocional para la defensa
de la propiedad amenazada.
Es el temor, que puede tomar forma
de sobresalto, ansiedad, agresividad.
El temor es guerra; y ahí se hacen
presentes las armas que defienden
las propiedades: rivalidades,
discordias, agresividades. El temor
roba la alegría y la libertad interior,
porque el apropiado se hace esclavo
de su propiedad.

24 de Junio

Me duele el corazón. Al pisar
los viejos senderos del hombre,
he visto levantarse por doquier
la silueta negra del sufrimiento humano.
¡Sufrir a manos llenas! He ahí
el misterio de la existencia humana.
He recorrido años y distancias
enseñando a enjugar lágrimas,
extraer espinas, ahuyentar sombras,
liberarse de las agonías;
en fin, a llevar a cada puerta
un vaso de alegría.

25 de Junio

Si alguien busca exclusiva
y desordenadamente su propia

felicidad, haciendo de ella la
finalidad última de su existencia,
está fatalmente destinado a la
muerte; y muerte significa soledad,
esterilidad, vacío, tristeza.
El egoísmo está iluminado, en su
última instancia, por resplandores
trágicos, porque el egoísmo acaba
siempre en el vacío y la desolación.

26 de Junio

Los que sufren hacen sufrir.
Los que viven en conflicto consigo
mismos siembran conflictos
en su derredor. Los resentidos inundan
de resentimiento su entorno vital.
El fracaso de los demás es un alivio
para sus propios fracasos.
No aceptan a nadie porque
no se aceptan a sí mismos.

27 de Junio

Sin que se le pidiera autorización,
y sin desearlo, el hombre se sintió
empujado a la vida; y se encontró
con un ser desconocido, él mismo,
en un lugar y tiempo no escogido
por él, con una existencia no
solicitada y una personalidad
no cincelada por él mismo.

El hombre se miró y se encontró
extraño a sí mismo, como si tuviera
dos personalidades al mismo tiempo.
Un ser incomprendido
e incomprensible para sí mismo.
¿Quién soy? ¿De dónde vengo?
¿Adónde voy? Y, sobre todo,
¿qué hacer conmigo mismo?

28 de Junio

La razón le dicta una cosa,
la emoción otra. Desea mucho
y puede poco. Lucha por agradar
a todos y no lo consigue.
Busca armonía consigo mismo,
pero siempre está en tensión.
Experimenta sensaciones desabridas,
como la ansiedad, el miedo....
y no sabe cómo ahuyentarlas.
Su mente es, con frecuencia,
una prisión en la que se siente
atrapado y no acierta a salir
de esa prisión. ¿Qué hacer?
¿Cómo hacer para llegar a ser dueño
de su mente, de sí mismo?

29 de Junio

Hay personas que socialmente
funcionan bien, pero sufren
insomnio, depresión... Cuando se les
pregunta por su abatimiento,

sacan a relucir sus problemas
profesionales o matrimoniales.
Pero no es ése su verdadero problema.
Su problema es la sensación
que tienen de que la vida se les va
sin haberla vivido.

30 de Junio

"Salvarse" significa lograr plena
presencia de ánimo y ausencia
de temor y tristeza; un ir avanzando,
lenta, pero firmemente,
desde la esclavitud de la angustia
hacia la libertad.

JULIO

1 de Julio

En la verdadera relación
tiene que haber integración
de dos interioridades y no absorción.
Tiene que haber unión, no identificación,
porque en toda identificación
cada uno pierde su identidad.

2 de Julio

Cuando la enfermedad o la
tribulación se enroscan a la cintura
del hombre, éste posa sus pies en el
suelo, comprende que todo
es un sueño, vuelan las ficciones,
se destiñen los atavíos artificiales,
se deshace la espuma y el hombre
se encuentra desnudo sobre el suelo
de la objetividad. Es el capítulo
primero de la sabiduría.
Sin sufrimiento no hay sabiduría.

3 de Julio

La fuerza nace de la debilidad,
la vida de la muerte, la consolación
de la desolación, la madurez
de las pruebas.

4 de Julio

Me dices que a veces no me
comprendes y que inclusive alguna
vez te parezco enigmático. ¿Qué
será? Tú mismo me decías que
muchas veces duermes bien
y amaneces cansado. Otras veces
duermes mal y despiertas alegre.
No hay geometría en el ser humano,
ni en su morfología ni en su
psicología. La vida jamás y en
ninguna de sus formas tiene líneas
rectas. ¿Que a veces te parezco
extraño? ¿Me comprenderé yo a mí
mismo? Soy yo mismo quien a veces
me parezco extraño a mí mismo.
¡Qué espléndida definición del
hombre la de Alexis Carrel, cuando
dice: "el hombre, ese desconocido"!

5 de Julio

¿Qué valen nuestros pequeños
ideales en comparación con la
eternidad de inmensidad de Dios?
Cuando se mira la altura del
Altísimo, nuestros temores parecen
sombras ridículas. En la altura
de Dios, las cosas adquieren su real
Estatura todo queda ajustado
y llega la paz.

6 de Julio

Cuando una persona vive
intensamente la presencia de Dios,
cuando un alma experimenta
inequívoca y vitalmente que Dios es
el Tesoro infinito, Padre queridísimo,
Todo Bien y Sumo Bien, que Dios es
Dulcedumbre, Paciencia, Fortaleza....
el ser humano puede experimentar
tal vitalidad y tal plenitud, tal alegría
y tal júbilo, que en ese momento
todo en la tierra, fuera de Dios,
parece insignificante. Después de
saborear el amor del Padre se siente
que en su comparación nada vale,
nada importa, todo es secundario.
¿El prestigio? Humo y ceniza.
¡He aquí la gloriosa libertad
de los hijos de Dios!

7 de Julio

La solución profunda y el secreto verdadero
está siempre dentro del hombre,
y la solución a la rutina, esto es, la novedad,
debe surgir desde adentro.
Un paisaje incomparable, contemplado por un
espectador triste, siempre será un triste paisaje.
Para un melancólico, una espléndida primavera
es como un lánguido otoño.
Al final, lo que importa
es la capacidad de asombro;

es esa capacidad la que viste de vida
las situaciones reiteradas, y la que pone
un nombre nuevo a cada cosa;
y, a una misma cosa, percibida mil veces,
le pone mil nombres distintos.
Es la re-creación inagotable.
El problema está, pues, dentro.

8 de Julio

Señor Jesús, Tú viviste
en una familia feliz.
Haz de esta casa una morada
de tu presencia,
un hogar cálido y dichoso.
Venga la tranquilidad a todos sus miembros,
la serenidad a nuestros nervios,
el control a nuestras lenguas,
la salud a nuestros cuerpos.

9 de Julio

Jesús atravesó el escenario
de la Pasión vestido de silencio, dignidad
y paz, porque se había vaciado
completamente; había barrido dentro
de él hasta el polvo de la estatua
de sí mismo. Era la Pureza total.
Por ser tan humilde, se comportó tan grande.
Al final nos amó sin medida
porque había llegado al colmo
del vaciamiento y de la humildad.

10 de Julio

Despertar es el primer paso para
"salvarse". El hombre sufre porque
está dormido. Despertar es tomar
conciencia de que los hechos
consumados, consumados están y es
inútil darse de cabeza contra ellos.
Despertar es darse un toque de
atención para tomar conciencia
de que estabas torturándote por
pesadillas que son pura fantasía,
de que estabas dramatizando
episodios insignificantes, de que tus
aprensiones eran sueños vacíos
y tus temores puras quimeras.
Déjalos a un lado.
Tomar conciencia de que todo
pasará, de que todo es efímero
y transitorio como las olas,
como las nubes, como los vientos;
que las penas suceden a las alegrías
y las alegrías a las penas; que aquí
todo es relativo, y lo relativo
no tiene importancia o tiene una
importancia relativa. Despierta.

11 de Julio

Vivir
es el arte de ser feliz.

12 de Julio

Ser feliz consiste en una progresiva
superación del sufrimiento humano
para avanzar hacia una paulatina
conquista de la tranquilidad mental,
la serenidad nerviosa y la paz del alma.

13 de Julio

No hay lógica ni línea recta
en el comportamiento humano.
De pronto, en los días azules,
su alma está nublada; y en los días
nublados su alma está azul.
De repente, cuando sus negocios
van viento en popa, su ánimo
está por los suelos; y cuando,
a su derredor, todo es desastre y ruina,
no se sabe qué ángel interior le da estímulo
y aliento para seguir luchando.

14 de Julio

Desde antes de ver la luz, el ser
humano trae marcadas y selladas,
allá, en las últimas unidades
vivientes, llamados *genes*, trae
escritas como en cables cifrados,
las tendencias fundamentales que
conforman el entramado de su
personalidad: inclinaciones hacia
la sensibilidad, sensualidad, timidez,

rencor, impaciencia, generosidad...
Son los códigos genéticos que
acompañarán al hombre hasta la muerte.
Quienes nacieron encantadores,
encantadores morirán.
Quien nació tímido, tímido morirá.
No se puede cambiar, pero sí
mejorar, y a veces notablemente.

15 de Julio

Es necesario despertar una y otra vez,
y tomar conciencia de que se vive
una sola vez; que este menú
no se repite, y que tampoco
podemos regresar a la infancia
para reiniciar la aventura.
Los años no perdonan. La mayor
desdicha humana consiste
en experimentar que la existencia
se nos escurre de entre las manos sin
haber saboreado la dicha de vivir.
Vale la pena poner todo el esfuerzo
en la tarea de las tareas: alejar
de nuestras fronteras los enemigos
de la vida: el sufrimiento y la tristeza.

16 de Julio

El dominio mental es un tesoro
incomparable y la llave del reino
de la serenidad.

No hay peor prisión ni más dura
esclavitud que una mente ocupada
por obsesiones fijas.
Soberanía significa ser árbitro de sí
mismo, de toda su actividad mental.

17 de Julio

Los disgustos y fracasos son
conceptos subjetivos y relativos,
fruto de la actividad mental,
porque todo lo que resistimos
lo transformamos en enemigo.
La masa general del sufrimiento humano
es un producto de la actividad mental.

18 de Julio

Éste es, sin duda, el desafío del hombre
para el hombre: qué hacer, cómo hacer
para que yo llegue a ser dueño de mi mente,
para que mi atención esté ocupada
únicamente por recuerdos estimulantes,
ideas positivas, por motivos queridos
por mí y no por los que se me imponen.
Mientras no avancemos en esta dirección,
no podemos hablar de libertad.

19 de Julio

Si el hombre acaba constituyéndose
enemigo de cuanto rechaza, puede
llegar a transformarse en un ser

universalmente sombrío, suspicaz,
temeroso y temible a la vez.
Y puede entrar en un círculo vicioso:
cuanto más le desagradan las cosas
más las rechaza, y cuanto más las rechaza
más le desagradan. Urge salir de este
círculo de fuego. Basta de sufrir.

20 de Julio

En una proporción mucho más
elevada de lo que pudiéramos imaginar,
somos impotencia: porque
muchas veces no hay nada que hacer
o la solución no está en nuestras manos;
porque nuestra libertad
está profundamente condicionada,
a veces aprisionada y no raras veces anulada;
porque somos esencialmente indigentes;
lo que podemos es poco y a veces casi nada.
Quien sea capaz de aceptar
todo esto sin sublevarse ya está
en lamitad del camino de la liberación.

21 de Julio

Mientras las posibilidades están dadas
y los horizontes abiertos,
hay que librar el combate de la liberación
poniendo todo el entusiasmo,
sabiduría de la vida, experiencia de los años
y la colaboración de los demás para mejorar
o eliminar los males que nos asedian.

Pero si las puertas están cerradas
y no hay nada que hacer, es locura
reaccionar airadamente, como si
pudiéramos anular lo irremediable
con emociones agresivas. He aquí
la norma: los imposibles, dejarlos.

22 de Julio

Todo lo que sucedió desde este minuto
para atrás es un hecho consumado,
un imposible.
Hace cinco años te calumniaron.
Hace una semana hiciste el ridículo.
Un par de años atrás tuviste aquella
lamentable equivocación. Hace nueve meses
estuviste a punto de perder el empleo
por aquella sarta de mentiras y calumnias...
Los hechos ya están consumados;
la locura consiste en revivir aquellos sucesos
recordándolos, reviviéndolos, actualizándolos
como si estuvieran sucediendo en este momento.
Es una gran insensatez revivir una historia
irremediablemente muerta. Sólo tú sufres.
Las furias de tu corazón nada podrán hacer
para que lo que sucedió no hubiera sucedido.
Las aguas del río que pasaron no
vuelven a pasar. *Réquiem*, pues,
sobre las hojas muertas
y los archivos olvidados.
Tú levanta la cabeza y avanza
hacia un mundo de alegría y esperanza.

23 de Julio

A nuestro derredor, a cada paso,
acaecen a nivel nacional, laboral
o vecinal sucesos que nos irritan,
nos atemorizan o nos indignan,
aunque a veces nada tengan
que ver con nuestra persona.
Una vez que se llega a la conclusión
de que no hay nada que hacer
de mi parte, y que, sin embargo,
los hechos se harán porfiadamente
presentes, he aquí la regla de oro:
dejar que las cosas sean lo que son.
No resistas. No te enojes, y en lugar
de irritarte, tranquilamente, casi
cariñosamente, deja que cada cosa,
una por una, sea lo que es.

24 de Julio

La dispersión es la desintegración
de la unidad interior, y su efecto
inmediato es el desasosiego.
Los mil impactos exteriores debilitan los nervios,
perturban el sueño, arruinan la digestión,
alteran la presión arterial y el sujeto
es presa de nerviosismo en donde
el vivir no causa agrado.
Por dentro, el hombre arrastra consigo
esperanzas y desconsuelos,
euforias y frustraciones en confusa contradicción.

Las preocupaciones lo inquietan,
las ansiedades lo perturban,
los fracasos lo amargan,
los presentimientos se le fijan obsesivamente.
Es una enorme carga vital en que
no sólo hay desorden,
sino descontrol total. Es la dispersión.
Nuestros libros ofrecen soluciones.

25 de Julio

La rutina es la causa más
desestabilizadora de las instituciones
humanas y de la misma vida; y desde
luego es el roedor más temible
de la estabilidad matrimonial.
Lo que se repite se gasta, lo que se gasta,
cansa, y lo que cansa pierde
novedad e interés, desaparece
la capacidad de asombro,
aquella capacidad de captar una misma
situación cada vez como nueva,
que hace que cada mañana la creación
aparezca con una cara distinta.
Cuando la rutina se hace presente,
la vida pierde su poesía.

26 de Julio

La obsesión está emparentada con
la angustia-ansiedad. Un sujeto está
en la habitación. Entra un enemigo
en ese recinto y cierra la puerta.

El sujeto no puede expulsar al
intruso, ni él mismo tampoco puede
salir. Esto es la obsesión, mar sin
fondo y sin orillas de sufrimiento
humano, noche de fantasmas.
El sujeto se siente dominado, se da cuenta
de que el contenido obsesivo que tanto
lo perturba no tiene objetividad alguna,
pero no consigue ahuyentarlo.
Es la mayor desdicha humana:
sentirse interiormente vigilado
y paralizado por la presencia de un
gendarme al que no pueden expulsar.
Nuestros libros ofrecen soluciones.

27 de Julio

Originalmente, el hombre es
limitación e impotencia. He aquí
otro hondo manantial de sufrimiento
para el hombre: sus propias fronteras.
Desea mucho y puede poco.
Apunta alto y clava bajo.
Se esfuerza por agradar y no lo consigue.
Se propone metas concretas
y queda a medio camino.
La sabiduría aconseja abrir los ojos
y aceptar sin pestañear la realidad tal como es:
que somos esencialmente desvalidos,
que nacimos para morir,
que nuestra compañía es la soledad,
que la libertad está gravemente herida,

que con grandes esfuerzos
vamos a conseguir pequeños resultados.
El hombre sabio comienza por aceptar
con paz sus fronteras y limitaciones y,
como consecuencia, se instala en
la morada de la paz.

28 de Julio

Las estrellas giran eternamente allá arriba,
los acantilados permanecen inconmovibles
al borde del mar; el invierno es frío
y el estío ardiente.
Las cosas son como son, y tú eres como eres:
te gustaría ser alegre, no lo eres.
Te gustaría brillar, no puedes.
Te gustaría tener la inteligencia de éste,
la hermosura de aquél,
el encanto de aquel otro. ¡Sueños locos!
Los sueños arrójalos a la basura,
las llamas apágalas, y toma serena y
sabiamente en tus manos la fría
realidad: eres como eres. Y,
de todos modos, a pesar de tus reticencias,
eres una maravilla. No te avergüences
de nada ni te entristezcas. ¡Basta de sufrir!
Es la hora de hacerte amigo de ti mismo.
No eres una estatua de arcilla,
eres aurora y campana,
una arquitectura que,
para ser catedral, sólo necesita
de tu benevolencia y cariño.

29 de Julio

No es el caso del bosque y el árbol;
el álamo, solitario en la meseta,
crece y vive con mucha gallardía.
No es el caso del antílope y la manada;
el rumiante, perdido en la estepa africana,
no se hace problemas para sobrevivir.
Tampoco es el caso del cardúmen y el pez;
éste, solitario en las aguas profundas,
no echa para nada de menos a su grupo.
Muy distinto es el caso del hombre.
El hombre es como un ser
balanceándose entre abismos:
la necesidad de ser él *mismo*, y la
necesidad de ser *para el otro*,
esencialmente *mismidad* y
esencialmente *relación*.

30 de Julio

Te vas o no te vas; haces o dejas de hacer;
dices o dejas de decir.
Y la gente, a tu derredor, comienza
con una retahíla de suposiciones
e interpretaciones: no vino para
no comprometerse; se fue allí con tal
intención; dijo esto, pero quería
decir aquello. Y la gente proyecta
en ti sus propios mundos, lo que ellos
harían, presuposiciones enteramente
subjetivas y gratuitas, con frecuencia
al filo de la calumnia.

Y así comienza a formarse una
imagen distorsionada sobre ti que
va transformándose en caricatura.
Es injusto, no hay derecho.

31 de Julio

No estamos hablando del
verdadero yo, que es la conciencia
objetiva de mi propia identidad,
sino de su falsificación. Por eso va
entre comillas: "yo". El "yo"
no existe. Es una ilusión imaginaria.
Es una imagen aureolada
y falsificada del verdadero yo.
El "yo" es una ficción que nos seduce
y nos obliga a doblar las rodillas
y extender los brazos para adherirnos
a ella con todos los deseos.
Es como quien se abraza a una sombra.
No es esencia, sino pasión encendida
por los deseos, temores y ansiedades.
Es una mentira.

AGOSTO

1 de Agosto

Una roca en el mar puede ser
combatida por los ciclones,
pero ella permanece inconmovible.
Lo mismo sucede con el hermano
que llegó a esta sabiduría: queda tan afirmado
en la paz, que no pueden removerlo
ni las alabanzas ni los vituperios,
y alcanza la serenidad de quien está
por encima de los vaivenes de la vida.

2 de Agosto

Está claro: adorando, todo
se entiende. Cuando las rodillas
se doblan, el corazón se inclina,
la mente se calla ante enigmas
que nos sobrepasan definitivamente,
entonces las rebeldías se las lleva
el viento, las angustias se evaporan
y la paz llena todos los espacios.

3 de Agosto

Si el lector se detiene un momento
y vuelve la mirada hacia atrás en su
vida y reflexiona un poco,
descubrirá que ciertos acontecimientos

dolorosos que, en su tiempo los consideró
tremendas desgracias, hoy,
a la vuelta de diez años,
han resultado ser hechos providenciales
que le han traído bendición,
desprendimiento de sí mismo y sabiduría.

4 de Agosto

Cuelguen lámparas en los muros
de las noches. Donde haya hogueras,
pongan manantiales. Donde se forjen
espadas, planten rosales.
Transformen en jardines los campos
de batalla. Abran surcos y siembren amor.
Planten banderas de libertad
en la patria de la Pobreza.
Y anuncien que llega pronto la era
del Amor, de la Alegría y de la Paz.

5 de Agosto

Necesito paz, Señor Jesús,
esa paz que sólo tú la puedes dar.
Dame esa paz hecha de consolación,
esa paz que es fruto de un abandono
confiado. Dejo, pues, mi salud
en manos de la medicina, y haré
por mi parte todo lo posible
para recuperar la salud.
Lo restante lo dejo en tus manos.

6 de Agosto

Las mil enfermedades, las mil y una
incomprensiones, los conflictos íntimos,
las depresiones y obsesiones,
rencores y envidias,
melancolías y tristezas,
las limitaciones e impotencias,
propias y ajenas, penas, clavos,
suplicios... ¿Qué hacer con ese
bosque infinito de hojas muertas?

7 de Agosto

¿De qué vale invocar a Dios,
cuando el verdadero "dios" que
manda es el dinero? ¿Sirve de algo
llamarse seguidor de Jesucristo,
cuando las armas que rigen y brillan
son la explotación del hombre por el hombre,
la dominación del hombre
sobre el hombre y la competición
despiadada por el triunfo económico?

8 de Agosto

Toma la actitud típica de los pobres de
Dios: llena de paz, paciencia y dulzura,
toma las palabras, se encierra sobre sí misma,
y queda interiorizada, pensando:
¿Qué querrán decir estas palabras?
¿Cuál será la voluntad de Dios en todo esto?
La madre es como esas flores que cuando

desaparece la claridad del sol
se cierran sobre sí mismas;
así ella se repliega en su interior y,
llena de paz, va identificándose
con la voluntad desconcertante de Dios,
aceptando el misterio de la vida.

9 de Agosto

Sé el camino de los que parten
y la serenidad de los que quedan.
Acompáñanos siempre, mientras
vamos peregrinando
juntos hacia el Padre.

10 de Agosto

Aceptar es salirse de sí mismo,
situarse en el lugar del otro, "dentro"
de él, para analizarlo "desde" él mismo
y no desde mi perspectiva.

11 de Agosto

Pueda yo ser, como tú,
sensible y misericordioso;
paciente, manso y humilde;
sincero y veraz.
Tus predilectos, los pobres,
sean mis predilectos;
tus objetivos, mis objetivos.

12 de Agosto

La tranquilidad mental
es un estado en el que el hombre deja
de adherirse a esa imagen ilusoria.
La liberación consiste en vaciarse de
sí mismo, en extinguir ese fuego fatuo,
en despertar y tomar conciencia
de que estabas abrazado
a una sombra cuando te aferrabas
tan apasionadamente a ese "yo".
Extinguido el "yo", se apagan
también aquellas emociones que
eran, al mismo tiempo, madres e
hijas del "yo": temores, deseos,
aversiones, angustias, agresividad...
Y, apagadas las llamas, nace en el
interior un profundo descanso,
una gran serenidad.

13 de Agosto

El que se vacía de sí mismo
experimenta la misma sensación que
cuando desaparece la fiebre alta:
descanso–alivio, justamente porque
el "yo" es llama, fiebre, deseo, pasión.
Y así el pobre y desposeído,
al desligarse de las ataduras
apropiadoras del "yo", va,
sumergiéndose en las aguas tibias
de la serenidad, humildad, objetividad,
benignidad, compasión y paz.

14 de Agosto

En el invierno el valle se cubre de
nieve, en la primavera de flores
y en el otoño de frutos. En la época
de los deshielos el río se sale de madre,
inunda los valles y arrastra consigo
viviendas, animales y personas
al seno de la muerte. Es su ley.
El gavilán se alimenta cazando
pajarillos y pollitos del corral.
Es su ley. La brisa es fresca,
el cierzo frío, el bochorno caliente.
Las vacas se alimentan paciendo en los prados
y los lobos devorando corderos.
Es su ley. El huracán ha sembrado
de ruinas la comarca. El rayo mató
a varias ovejas, al pastor y al perro.
Es su ley. Las aves vuelan,
las serpientes reptan. En la primavera
llegan las golondrinas y en el otoño
se van. Es su ley.

15 de Agosto

Respetar las leyes del universo,
no irritarse contra ellas,
no enemistarse contra nada,
dejar que las cosas sean lo que son,
no pretender doblegar su voluntad,
dejar pasar las cosas a tu lado.
He aquí el secreto de la paz.

16 de Agosto

Vivir es sumergirse en la gran
corriente de la vida, participar de alguna
manera del pulso del mundo, sentir
reverencia y gratitud por todas las criaturas.

17 de Agosto

La vida nace, brilla y se apaga.
Está bien. El dolor físico es
providencial porque delata
la enfermedad. Está bien.
Cuántas veces una sacudida fuerte en la
propia historia sirvió para enmendar
errores y emprender rumbos
acertados. Todo está bien.

18 de Agosto

El que no ha sufrido se parece
a una caña de bambú: no tiene
meollo, no sabe nada. Un gran
sufrimiento es como una tempestad
que devasta y arrasa una amplia comarca.
Una vez que pasó la prueba,
el paisaje luce sereno y lleno de calma.

19 de Agosto

Los que siempre se mueven en la superficie
jamás sospecharán los prodigios
que se esconden en las raíces.

20 de Agosto

Perdonar a los demás
es relativamente fácil.
Perdonarse a sí mismo
es mucho más difícil.

21 de Agosto

Nosotros podemos tener hijos.
Al tenerlos, nos reproducimos en la especie.
Pero no podemos reproducirnos
en nuestra identidad personal. No puedo
repetirme a mí mismo en los hijos.

22 de Agosto

Si estás triturado por un disgusto
enorme, ¿de qué te sirven las
palabras de tus amigos? Vas a sentir
que eres tú mismo, sólo tú, quien
carga con el peso del disgusto.

23 de Agosto

La tentación del hombre –hoy más
que nunca– es la superficialidad,
es decir, vivir en la periferia de sí mismo.
En lugar de enfrentarse con
su propio misterio, muchos prefieren
cerrar los ojos, apretar el paso,
escaparse de sí mismos y buscar
refugio en las diversiones y distracciones.

24 de Agosto

Es más agradable, y sobre todo
más fácil, la dispersión que la concentración;
y he aquí al hombre en alas de la dispersión,
eterno fugitivo de sí mismo,
buscando cualquier refugio con tal
de escaparse de su propio misterio
y problema. Nuestra crisis moderna
es la crisis de la evasión.

25 de Agosto

Pero hay otra historia más frecuente.
Un individuo llega a un grupo comunitario.
Pasan los años. A su derredor no ve más
que mundos individuales y noches cerradas.
Nuestro hombre se siente inseguro y,
buscando seguridad, emprende
el viaje a sus regiones interiores.
Allí encuentra la paz;
pero es la paz de los cementerios.
Son los solitarios.

26 de Agosto

La enfermedad típica
de los solitarios es la ansiedad.
La ansiedad es hija del miedo
y hermana de la angustia,
pero no se sabe donde comienzan
y dónde acaban sus correspondientes fronteras.
La ansiedad nace y vive entre

la tristeza y el temor, entre el vacío
y la violencia. De pronto, se parece
al tedio de la vida, y por momentos
se pueden sentir ganas de morir,
por más que la ansiedad, en sí misma,
no sea compulsiva y agitada.

27 de Agosto

Aquí estoy. Nadie me pidió
autorización para ser empujado
a la existencia. Estoy aquí sin permiso
mío. La existencia no me la propusieron,
me la impusieron.
Puedo decir que, en cierto sentido,
estoy "aquí" en contra de mi voluntad.
Estoy abocado a la muerte
igual que el día está a bocado
a la noche. No opté por esta vida,
como tampoco opto por la muerte
que me espera. Montado sobre este potro
que es el tiempo, cada momento que pasa
es una pequeña despedida,
porque éstoy dejando atrás tantas cosas
que amo, y en cada momento muero un poco.

28 de Agosto

La vida no se nos da hecha
y acabada como un traje.
El hombre es el ser más desvalido de la creación.
Los demás seres –un delfín, un
cóndor o un antílope– no se hacen

problemas para vivir; toda la vida
la hallan solucionada por medio
de mecanismos instintivos. Viven,
gozosamente sumergidos, en una
profunda unidad vital con los demás seres.
Nunca experimentan insatisfacción,
ni saben de frustraciones ni de aburrimiento.
Para el hombre, en cambio, la vida
es fundamentalmente un problema:
tiene que inventar, correr riesgos,
equivocarse, cambiar de rumbo...

29 de Agosto

Tanto en la amistad,
como en el matrimonio
o en la vida comunitaria...,
el otro también tiene un yo
diferenciado e inefable, es un misterio.
Los demás no son, pues,
un otro, sino un tú.
En mi relación con un tú (juego de
apertura–acogida) yo tengo que ser
simultáneamente oposición e integración.
En efecto, en una buena relación
tiene que haber, pues, una oposición:
y yo tengo que relacionarme siendo yo mismo.
Integración de dos interioridades.
De otra manera habría absorción,
lo que constituiría anulación del yo,
en cuyo caso estaríamos metidos
en un cuadro patológico:

una enfermedad por la que dos sujetos
se sienten subjetivamente realizados
(felices), el uno dominando y el otro
siendo dominado. En los dos casos
queda anulada la individualidad.

30 de Agosto

¿Cómo nace la interioridad?
Como en círculos concéntricos
de un remolino vamos avanzando
cada vez más dentro de nosotros mismos,
hacia el centro. No es imaginación,
sino percepción. Y, en la medida
en que se van esfumando las demás
impresiones, vamos a arribar
a la simplicidad perfecta de un punto:
la conciencia de mí mismo;
es cuando puedo pronunciar
el pronombre sagrado yo. Y,
en la simplicidad de este punto
quedan englobados los miles
de componentes: mi mano, mi cabeza,
mis emociones... ¿Conclusión?
La persona es interioridad.

31 de Agosto

La esencia misma de la historia
es el pasar. Hace trescientos años
vivía en esta ciudad una generación
con sus dramas y pasiones.

Hace doscientos años otra generación
con sus propios dramas. Ahora otra.
Dentro de un siglo, otra.
Pasan las generaciones arrastrando
cada una sus dolores y alegrías al abismo
del silencio. Un día también pasará
la ciudad, llevándose a hombros
su carga histórica, como sucedió
con Babilonia, Nínive, Tebas...
Ilusiones, apasionamientos, fantasías,
proyectos... todo es inexorablemente
arrastrado al océano de la inexistencia.
¿Para qué sufrir por cosas que hoy son
y mañana no son?
Todo es sepultado en el templo del silencio
igual que los ríos son sepultados
en el mar. Deja que los fenómenos nazcan,
brillen y desaparezcan como las luciérnagas.
Dios nunca pasa.
Instálate firmemente en esa roca y...
sé feliz.

SEPTIEMBRE

1 de septiembre

Acepta con paz las contrariedades
de la vida y las incomprensiones de los
hermanos, las enfermedades y la misma muerte,
y la ley de la insignificancia humana,
es decir: que después de mi muerte,
todo seguirá igual
como si nada hubiese sucedido.

2 de septiembre

Sólo en la noche profunda de la fe,
cuando callan la mente y la boca,
en el silencio total y en la Presencia
total, dobladas las rodillas y abierto
el corazón, sólo entonces aparece
la certeza de la fe, la noche se trueca
en mediodía y, por fin, se comienza
a entender al Ininteligible.

3 de septiembre

No se sabe por qué misteriosos resortes,
el individuo establece una comunicación
emocional, sea de simpatía o de repulsa,
con tal o cual personaje, movimiento político o
eventos deportivos. Y, al vaivén
de las alternativas, ¡cuánta descarga
emocional, cuánta energía quemada!

Surgen nuevos líderes, otras
instituciones. A la resistencia o
adherencia a las nuevas situaciones
corresponde euforia o depresión,
según los altibajos.
Y sigue girando la rueda en la historia
mientras se consume nuestra existencia,
y la vida sigue igual.
¿Puedes hacer algo para poner orden
y mejoría en todo esto? Hazlo.
De otra manera, ¿para qué resistir?
Deja que las cosas sean y corran.

4 de septiembre

Todo lo visible y temporal está
sujeto a un cambio incesante.
Todo fluye y se diluye. Todo pasa
en perpetuo movimiento; su esencia
es moverse, pasar. Todo aparece
y desaparece, nace y muere.
Hoy abrimos el periódico
y quedamos conmovidos por tan
espeluznantes noticias. Abrimos
mañana el periódico, y otras noticias
más pavorosas todavía. Y así la
historia marcha airosa en la rueda
voltaria del tiempo. Ya lo dijo
Heráclito: "Nunca podrán bañarse
dos veces en un mismo río, porque
las aguas en que hoy se bañaron
ya se fueron; y nunca volverán".

5 de septiembre

Si tienes una espléndida figura,
seguramente la amarás.
Pero ¿será amor?
Probablemente existe una simbiosis
entre ti y tu figura. En el fondo,
podrías decir: yo soy mi figura.
Si tienes una memoria brillante
o una simpatía irradiante,
seguramente vas a amarlas.
¿Amar qué?
¿Tus cualidades o tu persona?
Normalmente no existe rechazo
ni acogida de mi persona, sino
de partes de mi persona.
No vas a tener problemas en aceptar
y amar lo que hay de agradable
en tu persona. Tus problemas comenzarán
cuando te encuentres con los aspectos
de tu persona que no te gustan.
Ahí comenzarán tus disgustos.

6 de septiembre

Acepta con paz el misterio de la vida,
que es la parábola biológica,
la cual consiste en que todo nace,
crece y muere, en un movimiento elíptico,
perpetuamente repetido.
Declinarán tus fuerzas, llegará el ocaso
de la ancianidad, te sentirás inútil para todo,

todas las coordinadas de la decadencia
te envolverán, hasta que, al fin,
se consumará por completo
la esfera de tu existencia.
Acepta con paz esa parábola vital.
Toma la ofrenda de tu vida y deposítala
en sus manos, y... paz en tus horizontes.

7 de septiembre

Mira a tu pasado
con mirada complaciente.
Contémplalo todo sin hostilidad.
Lo que sucedió en la primavera de tu infancia,
en los años procelosos de tu juventud,
los primeros desengaños que te dolieron tanto,
o aquel fracaso,
aquella decisión injusta y arbitraria
que tomaron sobre tu persona,
aquella crisis, aquel hecho que nunca
quisieras recordar, aquellas personas
que influyeron en ti tan negativamente,
aquella lamentable equivocación...
Pero no te olvides que también
hubo prodigios y maravilla en tus días.
¡Todo está consumado!
Acéptalo todo agradecido;
asume en paz cuando Dios permitió,
y deposita en sus manos
la hermosa ofrenda de tu vida.

8 de septiembre

Seamos como Cristo,
que se sacrificó a sí mismo sin quejas,
sin lamentos, sin amarguras,
sin amenazas, y al mismo tiempo
dio esperanza y aliento a los demás.

9 de septiembre

La primera exigencia del amor es
respetarse mutuamente. El otro
es un mundo sagrado, y como sagrado
no sólo merece respeto, sino también
reverencia. Lo primero que sabemos
es que no sabemos nada del otro,
porque el tú (así como yo también)
es un universo esencialmente inédito
e inefable, y la actitud elemental
ante lo desconocido es,
cuando menos, la del silencio.
El respeto incluye dos actitudes,
una interior y otra exterior: presupone
primeramente venerar el misterio
del hermano, con un trato de cortesía,
como quien venera algo sagrado.
En segundo lugar, implica no *meterse*
con el otro, no pensar mal,
no hablar mal, cubrir las espaldas
del hermano ausente
con el manto del silencio.

10 de septiembre

Somos así: unas pocas seguridades
y una montaña de inseguridades.
Por la mañana vemos claro, al mediodía
dudamos y por la tarde está oscuro.
Un año nos adherimos a una causa,
y otro año, decepcionados,
desertamos de la misma.

11 de septiembre

Persona adaptada es aquella que
consigue ser ella misma en medio
de individualidades diferentes, sin
entrar en choque cuando los demás
se esfuerzan por ser ellos mismos;
en suma, adaptada es aquella persona
que se desenvuelve armoniosamente
en su medio ambiente. Adaptarse es
un lento y progresivo crecimiento
hacia una coherencia entre el sentir,
pensar, hablar y actuar.

12 de septiembre

Tanto para la sabiduría evangélica
como para las ciencias humanas,
el que se ama a sí mismo, y sólo a sí
mismo, esta destinado a la muerte,
es decir, al infantilismo, solitariedad,
infecundidad e infelicidad. Fue lo
que le sucedió a Narciso, que de tanto

mirarse y admirarse a sí mismo
en el reflejo del agua del jardín,
se descuidó, cayó y se ahogó.
Símbolo trágico: el que siempre
se busca a sí mismo está destinado
al vacío y a la esterilidad.

13 de septiembre

El resentimiento sólo destruye
al resentido. El perdón beneficia,
sobre todo, al que perdona.

14 de septiembre

En el fondo último de los divorcios
matrimoniales hay siempre
un problema de perdón. Al no saber
perdonar, el rencor acumulado fue
envenenando todo hasta llegar
a una situación insostenible.

15 de septiembre

El misterio profundo del hermano
es el siguiente: sin desearlo él mismo
lo lanzaron a participar en esta carrera.
No puede dejar de participar
ni salirse de la carrera. Saldrá de ella,
no cuando él quiera,
sino cuando lo saquen.
Más aún, no solamente tiene que
participar en una carrera no deseada,

sino que tiene que hacerlo con un
un caballo que no es de su agrado.
Y si el caballo es lerdo y lento,
él no puede protestar, porque eso
equivaldría a castigarse a sí mismo.
Y si llega último a la meta por la
incompetencia del caballo, sólo le resta
sentir vergüenza de sí mismo,
que es el peor castigo.

16 de septiembre

La tragedia es estar juntos,
pero distantes;
juntos, pero ausentes.

17 de septiembre

El misterio de la comunicación
es difícil de expresar y fácil de sentir.
Dices: "Éste está conmigo"; "Éste no
está conmigo". Sobran comentarios.

18 de septiembre

Comunión fraterna es un movimiento
oscilante de dar y recibir,
abriendo las puertas interiores
mutuamente.
El efecto inmediato
es la confianza, y el fruto final es el gozo,
signo inequívoco de la presencia del amor.

19 de septiembre

Persona madura es aquella que no
domina ni se deja dominar.

20 de septiembre

Yo me encuentro frente a otra persona.
Colocamos en medio de los dos
un reloj despertador. Los dos vemos
el mismo reloj. Sin embargo,
el reloj (la parte del reloj) que ella ve
es diferente, y hasta contraria de
la que yo veo, a pesar de tratarse del mismo reloj.
Cada persona contempla las cosas
y los sucesos desde la propia perspectiva.
Por eso, nuestra percepción personal
es necesariamente parcial, y nos
enriquecemos con la percepción,
también limitada, de los demás.
Captamos la verdad necesariamente
incompleta. Yo necesito de tu visión,
y tú necesitas de mi visión.
Nos necesitamos y nos complementamos.
He aquí el fundamento el diálogo.

21 de septiembre

El verdadero diálogo desenlaza los nudos,
disipa las suspicacias, abre las puertas,
soluciona los conflictos,
madura la persona;
es vínculo de unidad, y alma

y madre de la comunidad
(y del matrimonio).

22 de septiembre

María es la hija fuerte
de la raza de los peregrinos,
que se sienten libres
saltando por encima del sentido común,
normalidades y razones humanas;
lanzándose en el Misterio
insondable y fascinante
del Tres Veces Santo,
repitiendo infatigablemente:
amén, hágase. ¡Oh Mujer pascual!
Nació el pueblo de las bienaventuranzas
con su Reina al frente.

23 de septiembre

Un individuo, cuando percibe que todos,
a su derredor, están "ausentes",
que nadie está con él, nadie lo quiere,
por un instinto reactivo de defensa,
este individuo se repliega
en sus regiones interiores
envuelto en un manto de resentimiento,
y se encierra en la noche fría de la solitariedad.
Ahora bien, esta fría soledad interior
es el clima ideal para contraer
todas las "enfermedades" del espíritu,
como la frustración, el rencor...,
y a modo de compensación,

reacciona molestando a todo el mundo.
Como se ve, la consecuencia inmediata
de una frustración es la violencia,
violencia compensadora.
No aman porque no se sienten amados.
Molestan a todos porque se sienten frustrados,
sienten vacío afectivo y soledad existencial.
He aquí la breve historia de las personas
difíciles y resentidas que, con frecuencia,
hallamos en la familia y en la sociedad.
Sólo el amor redime y sana.

24 de septiembre

Todos los que sufren un drama
necesitan proximidad,
afecto y consolación.

25 de septiembre

Ilusiones, apasionamientos,
ansiedades, fantasías, miedos, proyectos,
todo es arrastrado inexorablemente
al océano de la inexistencia.
¿Para qué sufrir? Nada queda vibrando,
todo es sepultado en el templo del silencio
igual que los ríos son sepultados en el mar.
La transitoriedad impone su ley
sobre todo lo que comienza.
¿Para qué soltar anclas sobre fondos vacíos?
Deja que los fenómenos nazcan,
brillen y desaparezcan como luciérnagas.

26 de septiembre

¡Amor! Palabra mágica y equívoca.
¿Qué es el amor? ¿Emoción? ¿Convicción?
¿Concepto? ¿Ideal? ¿Energía? ¿Éxtasis?
¿Impulso? ¿Vibración?
Lo que se vive no se define.
Tiene mil significados,
se viste de mil colores,
confunde como un enigma,
fascina como una sirena.

27 de septiembre

Pueda yo, como tú, despreocuparme
de mí mismo para preocuparme de los demás;
ser insensible para mí y sensible para los demás;
sacrificarme a mí mismo y ser, al mismo
tiempo, aliento y esperanza para los demás.

28 de septiembre

La historia de un grano de trigo es admirable.
Cae en la tierra. Se sumerge en ella. Muere.
Nace y sale al aire, que es su campo de combate.
Enseguida encuentra enemigos,
comenzando por las nieves y escarchas.
Para no perecer, el joven trigo se agarra
obstinadamente a la vida, y sobrevive.
Llegan temperaturas bajísimas
capaces de quemar toda vida;
y el pobre trigo, tan tierno todavía,

de nuevo se agarra a la vida
con una obstinada perseverancia.
Va pasando el invierno, el trigo
va venciendo uno por uno los obstáculos.
Llega la primavera, el trigo levanta la cabeza
y comienza a escalar velozmente
la pendiente de la vida. Llega el verano y,
¡qué prodigio!, aquel humilde grano
se ha transformado en un esbelto y elegante tallo,
coronado por una espiga dorada
con cien granos de oro. Si tuviéramos
la paciencia del grano de trigo...

29 de septiembre

Dame la mano, hermano.
Necesito de ti, necesitas de mí.
Si estás sólo y caes, temo que nadie te levante.
Si estoy solo y me sorprende la noche,
temo ser devorado por el miedo.
Si estás conmigo, si estoy contigo, somos
como esa muralla, como aquel roble.

30 de septiembre

Las cosas de la vida
viviéndolas se entienden.
Sólo se sabe lo que se vive.

OCTUBRE

1 de Octubre

Donde hay encuentro,
hay trascendencia porque se
superaron las propias fronteras.
Donde hay trascendencia,
hay pascua y amor. Donde hay amor,
hay madurez, que no es otra cosa
sino una participación de la plenitud
de Dios, en quien no existe soledad.

2 de Octubre

Sólo los puros pueden amar.
Los puros son los que no tienen
intereses, no tienen nada que defender,
no tienen por qué desconfiar y por qué tener
sus puertas cerradas, ya que no esconden
ninguna propiedad. Sólo ellos pueden
abrirse, sin recelo y sin cálculo, a sus hermanos.

3 de Octubre

Contra todos los sueños de
omnipotencia, fósiles de la infancia,
encontrarás con tanta limitación
todas sus latitudes. Saca energías
de tus pozos interiores; y si algo
puedes alterar, sé generoso y supera
tus propias medidas y las del mundo.

Pero, en la marcha de tu vida,
no permitas que ninguna frontera
absoluta te irrite o te deprima.
Vence todos los imposibles,
aceptándolos con paz.
Ponte en las manos del Padre;
y el árbol de la paz crecerá
en tu huerto y cubrirá
todo con las sombra de la paz.

4 de Octubre

Derriba en nosotros las altas
murallas levantadas por el egoísmo,
el orgullo y la vanidad.
Aleja de nuestras puertas las envidias
que obstruyen y destruyen la unidad.
Líbranos de las inhibiciones.
Calma los impulsos agresivos.
Purifica las fuentes originales.
Y que lleguemos a sentir como tú sentías,
y a amar como tú amabas.
Tú serás nuestro modelo y nuestro guía.

5 de Octubre

El amor nace de una mirada,
es el momento de olvidarse.
Crece con deseos de darse,
apoyado en la esperanza.
Se comunica en el olvido total
de un gozo recíproco.

6 de Octubre

La intimidad era un árbol frutal,
y cada otoño daba sabrosas frutas,
y siempre era otoño. Y el amor era
en el cielo del muchacho como un
arcoiris que enlazaba todos sus horizontes,
porque el amor es eminentemente unitivo.

7 de Octubre

La noche ya había devorado a la
tierra, la vida se había detenido,
y en torno del joven todo era silencio.
El joven presentía que aquella noche
sería diferente: podrían aparecer
nuevas constelaciones o hundirse
antiguas galaxias. Todo desapareció,
mientras una pleamar, hecha de miel y ternura,
subía y subía irremediablemente,
y con sus inmensas olas devastó
todas las comarcas del joven, hasta que,
al final, sólo quedó el Mar, el AMOR.

8 de Octubre

Fue entonces cuando la ternura
y la confianza levantaron un vuelo
irresistible hasta transformarse
en un enorme terebinto de amplísima copa
que, con su sombra, fue cubriendo
los impulsos vitales de este
muchacho normal y diferente.

Sus arterias se tornaron en ríos
caudalosos que se dirigían hasta
dentro y centro del AMOR.

9 de Octubre

Amaneció, pero el día no cumplió
su ciclo normal. El día de Jesús no llegó
al crepúsculo, ni siquiera al atardecer,
sino que fue bárbaramente abortado al mediodía.
El hecho es que los poderosos de la tierra
acabaron con el Pobre de Nazaret;
pero no tendrían ellos la última palabra,
porque el gran Aniquilado
hizo trizas las mortajas con que lo envolvieron,
resurgiendo desde sus despojos señorial y glorioso
hasta el fin del mundo y más allá.

10 de Octubre

Frecuentemente, nosotros vivimos
tratando de retener lo que se nos
escapa, deseando aquello que nos falta
y echando de menos lo que no tenemos.
Vivimos en un pasado que ya no existe
y en un porvenir que todavía no ha llegado,
lleno de inquietas nostalgias
y engañosos espejismos, olvidándonos
de que sólo el hoy y el ahora son
el tiempo de Dios,
grávido de posibilidades.

11 de Octubre

Antes de que existieran
las cumbres nevadas y florecieran
las rosas de los campos y brotaran
los manantiales de las montañas,
y el hombre pusiera un nombre
a cada cosa, desde siempre y para
siempre tú eres, Señor.

12 de Octubre

He aquí la clave cifrada
del misterio: *pasar*: un tránsito entre
dos nadas, luz entre dos noches,
relámpago entre dos eternidades,
luciérnaga que brilla y se apaga
en el seno de la noche, instante,
movimiento, impermanencia,
caducidad, simplemente un pasar.

13 de Octubre

Donde está el hombre, allí están
conjuntamente la alegría y el dolor.

14 de Octubre

El apostolado excelso es perdonar
las ofensas, alegrarse en las tribulaciones,
rezar por los perseguidores,
tener paciencia en los vejámenes,

devolver bien por mal,
no perturbarse por las calumnias,
no maldecir a los que maldicen;
en suma, vivir lo que el Señor vivió
en la Pasión y enseñó en la Montaña.

15 de Octubre

He aquí la tragedia: la fuga:
todo se le escapa al hombre,
todo se le escurre de entre las manos.
Su mayor desdicha consiste en no poder
retener lo que en estemomento tiene.
Lo que el hombre ya posee quiere retenerlo.
¿Alcanzó la gloria? Quiere retenerla.
¿Tiene belleza? Quiere retenerla.
¿Posee la vida? Quiere retenerla.
Pero resulta que el hombre está
sometido a estas tres temibles leyes:
la ley del desgaste, la ley del olvido
y la ley de la muerte. A esos océanos
se le escapan la gloria, la belleza, la salud,
la vida. Todo se le deshace, todo se le desgasta,
todo se desvanece; en suma, todo se le va,
y nada puede retener. He aquí su desdicha.
La lucha del hombre por retener
es una lucha estéril; es equivalente al intento
de querer atrapar con las dos manos el humo,
la sombra, el viento... Todo se le va en una
incesante fuga, como las aves emigrantes,
como los vientos que pasan por nuestra comarca,
como las naves que surcan los mares,

como las nubes arrastradas por el viento,
como el humo que se diluye,
como la sombra que huye...

16 de Octubre

Señor, cuando aparezca la tensión,
dame la humildad para no querer
imponer mi verdad atacando la
verdad del hermano; de saber callar
en el momento oportuno; de saber
esperar a que el otro acabe de
expresar por completo su verdad.

17 de Octubre

¿Quién soy ante ti, Señor? Sombra
que arrastra su propia sombra.
¿Y mis días? Hojas de otoño caídas.
¿Y mi vida? Flauta de caña, llena de
aire y mentiras; una llama desprendida
del leño, persiguiendo quimeras.
Dios mío, ¿dónde está la razón
de tanta pasión inútil? ¿Dónde agarrarme?
¿Dónde está la roca?
Tú eres mi roca. En ti están hundidas
mis raíces. En tus manantiales beberemos
las aguas de vida inmortal. En tus brazos
dormiremos mientas dure la tempestad.
Tú llenarás de luz nuestros horizontes,
de seguridad nuestros pasos,
de sentido nuestros días. Tú serás

el faro y la estrella, la brújula y el ancla
durante la travesía de nuestra vida.

18 de Octubre

"Mi rostro no se puede ver",
dice el Señor en la Biblia. Como el sol que,
al atravesar por una tupida enramada
ya no es el sol, sino una luminosidad tamizada,
de la misma manera, mientras dure la
peregrinación de la fe, nos tendremos que
conformar con vestigios fugaces (de Dios),
destellos, huellas, comparaciones,
analogías, deducciones..., pero cara a cara
no se le puede ver, no podemos poseer
inconfundiblemente la sustancia inalienable
e ineludible de Dios, no podemos abrazarlo.
Es el Dios de la fe.

19 de Octubre

El señor será el vencedor de la soledad
y el liberador de las angustias
en la medida que sea el Dios viviente
en el fondo de la interioridad.

20 de Octubre

El adorador cósmico entra
de cabeza y se baña en la corriente secreta
y profunda de la naturaleza,
y de alguna manera participa,
lleno de asombro, del borbotar de la vida

de las manos de Dios, mientras su presencia
dinámica aletea por encima y por debajo
de las criatúras, recreándolo todo.

21 de Octubre

El trato con María que busca
exclusivamente seguridad
o consolación, sin irradiarse hacia
la construcción de un reino de amor,
no solamente es una sutil búsqueda
de sí mismo sino un peligro para el
desenvolvimiento normal de la personalidad.

22 de Octubre

El salmista es un ser cautivado por Dios,
por un Dios que arrastra tras de sí a la <
creación entera y, por cierto, también al salmista.
¿Resultado? Como en un toberllino
embriagador, el hombre, la naturaleza y Dios
se lanzan al frenesí de una danza universal,
respirando el mismo aliento,
absorbiendo una misma vida.
¿Cabe plenitud mayor?

23 de Octubre

No existe en el mundo terapia psiquiátrica
tan liberadora como la adoración. ¿Por qué?
Porque los temores, las ansiedades, y sobre
todo las obsesiones, son efecto directo
de estar el hombre volcado sobre sí mismo,

amarrado y con frecuencia adherido
morbosamente a la mentira de la imagen de sí mismo.
Si el hombre corta esas ligaduras,
y suelta al viento las aves enjauladas
y las energías constreñidas,
seducidas éstas ahora por elAltísimo,
la vida se convierte en una fiesta de libertad.

24 de Octubre

La esperanza responde: "Ustedes,
hijos del combate y de la esperanza,
están equivocados, porque miran al suelo.
Les parece que todo está perdido
porque creen en las estadísticas,
leen los periódicos, su fe está basada
en las encuestas sociológicas,
sólo creen en lo que se ve.
Levanten su ojos y miren allá lejos
donde está la fuente de la esperanza:
Jesucristo, resucitado de entre los muertos,
vencedor del egoísmo y del pecado,
Él es nuestra única esperanza".

25 de Octubre

¿Qué densidad tiene el humo?
Menos que el humo pesan los sueños
del hombre. ¿Cuánto pesa en un balanza
la gloria? Tanto arriba como abajo no queda nada
que tenga peso y firmeza sino el Eterno.

26 de Octubre

Una noche estrellada, una
montaña nevada, un amanecer
radiante nos pueden despertar
a Dios, pero no son Dios mismo,
sino otra cosa: evocadores,
despertadores, mensajeros.
Como dice san Juan de la Cruz:
"No quieras enviarme
de hoy ya más mensajeros
que no saben decir lo que quiero".
Y comenta el místico:
"Como se ve que no hay cosa que pueda curar
su dolencia, sino su presencia...,
pídele le entregue la posesión de su presencia".
Más allá de los vestigios de la Creación
y de las aguas que bajan saltando y cantando,
el alma busca el manantial mismo, mejor,
el glaciar de las nieves eternas que contiene
todas las aguas, es decir, Dios mismo.

27 de Octubre

En un despliegue de luz y fantasía,
y con un racimo de brillantes metáforas,
el salmo 139 percibe la omnipotencia
y omnisciencia divinas, que envuelven
y abrigan al hombre, como una luz,
por dentro y por fuera, desde lejos y desde cerca,
en el movimiento y en la quietud.
Llegado un momento, el salmista

queda pasmado por tanta ciencia y presencia
que lo desbordan y trascienden definitivamente:
"Qué incomparables encuentro tus designios;
Dios mío, qué inmenso su conjunto".

28 de Octubre

Derrama sobre mí, Dios mío,
las aguas de todas las fuente sagradas
para que yo quede puro
como criatura recién nacida.
Vuelve a sumergirme incansablemente
en las aguas purificadoras
de tu misericordia, lávame una y otra vez,
y verás cómo mi alma queda más
blanca que la nieve de las montañas.

29 de Octubre

Sobre las cenizas muertas de mi voluntad
enciende tú la llama viva de la redención.

30 de Octubre

Cuando las interioridades están
enlazadas, la palabra es puente
por donde van y vienen los corazones.
Cuando los corazones están incomunicados,
la misma palabra es muralla de mayor separación.

31 de Octubre

De nuevo te pido, Dios mío:
barre y borra las señales, las cicatrices
que dejaron en mí los quebrantos
y las culpas. Despierta en mí todas
las arpas de la alegría. Pulsa las cuerdas
del gozo en mis entrañas más íntimas
para que los huesos humillados levanten cabeza
para entonar el himno de la alegría;
y para que mi alma, que fue abatida
por la tristeza y la vergüenza, ahora,
al ser visitada por tu misericordia,
pueda beber el agua fresca de la alegría.

NOVIEMBRE

1 de Noviembre

Líbrame, Dios mío, de la sangre
y sus tiranías. Líbrame de estas leyes
que inexorablemente me llevan
hacia dentro y hacia el centro donde
está erigida la estatua de mí mismo,
y verás cómo mi lengua suelta
a los cuatro vientos el himno de la
liberación. No me expulses de la patria
de tu mirada. Un día, Señor, la alegría
huyó de mi casa como una paloma
asustada. Haz que ella regrese feliz
a mis aleros para que mi vida sea
música a tus oídos, y no te olvides
de poner en mis cimientos un
material noble y generoso.

2 de Noviembre

Cuando inicié la peregrinación en
el seno de mi madre, cuando todavía
no había claridad en mi mente,
ni luz en mis ojos, la culpa me
envolvió como una noche oscura,
y todavía estoy de noche.
La fragilidad me acompaña desde
el primer momento, y hago lo que no quiero,

y no puedo caminar por las rutas
de la luz. Estoy amarrado a las cadenas
de la impotencia. Dios mío,
renueva dentro de mí el prodigio
de la primera mañana del mundo.
Pon en mí una nueva materia prima
recién salida de tus manos.

3 de Noviembre

El polvo acaba en el polvo.
La existencia es eso: un vuelo
de polvo a polvo.

4 de Noviembre

La enfermedad universal de la humanidad,
desde siempre y para siempre,
es el vacío afectivo,
la soledad existencial.

5 de Noviembre

Dame la sensatez para reconocer
que también yo puedo estar
equivocado en algún aspecto de la
verdad, y para dejarme enriquecer
con la verdad de otro. Dame, en fin,
la generosidad para pensar que
también el otro busca honestamente
la verdad, y para mirar sin prejuicios
y con benevolencia las opiniones ajenas.

6 de Noviembre

Uno de los síntomas más seguros
de madurez humana es la capacidad
de guardar en silencio las confidencias
que se reciben o las pequeñas irregularidades
humanas que se observan

7 de Noviembre

Exulte la tierra entera y salten
de alegría las islas innumerables ante
la gran noticia: nuestro Dios navega
por las alturas vestido de un manto
de misericordia; le precede la ternura
y le acompaña la fidelidad,
y desde siempre y para siempre,
vuela sobre una nube en cuyos
bordes está escrita la palabra AMOR.

8 de Noviembre

Todos los caminos son buenos
si conducen a la morada donde habita
un alma necesitada.

9 de Noviembre

Cuando la Iglesia es reducida
al silencio y sus testigos son encarcelados
o degollados, dices:
Todo está perdido.
La fuente de la esperanza

no está en las estadísticas
ni en el fulgor de los fenómenos.
¿Te has olvidado de la cruz y del grano de trigo?
¿No sabes que de la muerte del Señor
nace la resurrección del Señor?
Recuerda: la crucifixión
y la resurrección son una misma cosa.

10 de Noviembre

Dice el salmista: "Por la mañana
sácianos de tu misericordia, y toda
nuestra vida será alegría y júbilo".
Cuando el hombre despierta por la
mañana, abre los ojos y deja entrar
por la ventana el sol de la misericordia,
y ésta consigue inundar
los espacios interiores, entonces
no hay en la tierra idioma que sea capaz
de describirnos la metamorfosis que surge
ante los ojos: como por arte de magia,
el viento se lo llevó todo:
la cólera divina y las culpas,
y el polvo, y la muerte,
y la caducidad, y el miedo,
y el humo, y la sombra... como
papelitos se lo llevó todo el viento.
Y la vida y la tierra entera
se entregaron frenéticamente
a una danza general en que todo
es júbilo y alegría.

11 de Noviembre

Dice el salmo: "Como un padre
siente ternura por sus hijos, siente
el Señor ternura por sus fieles".
En las raíces de la ternura
descubrimos siempre la fragilidad;
en ella nace, se apoya y se alimenta
la ternura. Efectivamente, la infancia
y el desvalimiento, y en general,
cualquier género de debilidad
invocan y provocan el sentimiento
de ternura. No importa que te digan
que eres polvo y humo.
La ternura divina
revestirá tus huesos carcomidos,
y habrá esplendores de vida
en tus valles de muerte. Miedo, ¿a qué?
¿Por qué llorar?
Seremos envueltos en un manto de ternura.

12 de Noviembre

Señor Jesús,
todas nuestras voces
se agolpan a tus puertas.
Nuestras olas mueren en tus playas.
Nuestros vientos duermen en tus horizontes.
Los deseos más recónditos, sin saberlo,
te reclaman y te invocan.
Los anhelos más profundos
te buscan impacientemente.

13 de Noviembre

Salgo a la calle y tú me acompañas;
me enfrasco en el trabajo y quedas
a mi lado; en la agonía y más allá
me dices: aquí estoy, contigo voy.

14 de Noviembre

María es para cualquier momento
consolación y paz. Ella transforma la aspereza
en dulzura y el combate en ternura.
Ella es benigna y suave.
Sufre con los que sufren, queda con
los que quedan y parte con los que parten.

15 de Noviembre

Tú eres mi Hogar y mi Patria.
En ese hogar quiero descansar
al término del combate.
Tú velarás definitivamente mi sueño,
oh Padre, eternamente amante y amado.

16 de Noviembre

Las raíces están siempre en la
profundidad; y cuando ellas están
sanas y empapadas en la tierra húmeda,
hasta la copa más encumbrada
se la ve vestida de un fresco verdor.
Si los manantiales son hondos y puros,
toda el agua que brota de ellos
es pureza y frescura.

17 de Noviembre

A tanta profundidad, tanta altura;
a tanta humildad, tanto amor,
y a tanto desprendimiento,
tanto servicio.

18 de Noviembre

Yo sé que la aurora volverá
y me consolarás de nuevo
como una madre consuela
a su niño pequeño,
y ríos de consolación correrán
por mis venas; y habrá de nuevo
espigas y estrellas; el día se henchirá
de alegría y la noche de canciones,
y mi alma cantará eternamente
tu misericordia, porque me has consolado.

19 de Noviembre

En los castillos levantados sobre dinero,
poder y gloria no puede entrar Dios.
Cuando todo resulta bien en la vida,
el hombre tiende insensiblemente
a centrarse sobre sí mismo,
gran desgracia porque de él se apodera
el miedo de perderlo todo,
y vive ansioso, y se siente infeliz.
Para el hombre, la desinstalación es,
justamente, su salvación.

20 de Noviembre

Vas a experimentar cómo Jesús
calma aquella agitación hostil
y deja en el interior tanta paz,
que puedes levantarte tranquilamente
para ir a charlar con toda naturalidad
con el "enemigo".
Estos prodigios los hace hoy Jesús.

21 de Noviembre

Acepta con paz el misterio doloroso de la vida,
que es la parábola biológica, la cual consiste
en que todo nace, crece y muere,
en un movimiento elíptico, perpetuamente
repetido. Declinarán tus fuerzas,
llegará el ocaso de la ancianidad,
te sentirás inútil para todo, todas las
coordenadas de la decadencia te envolverán,
hasta que, al fin, se consumirá por completo
la esfera de tu existencia. Acepta con
paz esa parábola vital y fatal. Ama
la vida, como las plantas aman el sol.

22 de Noviembre

Dame la sabiduría para comprender
que ningún ser humano
es capaz de captar enteramente
la verdad toda, y que no existe
error o desatino que no tenga
alguna parte de verdad.

23 de Noviembre

Dios está siempre en el centro.
Cuando todos los revestimientos
caen, aparece Dios. Cuando desaparecen
los amigos, traicionan los confidentes,
el prestigio social recibe hachazos,
la salud te abandona, aparece Dios.
Cuando todas las esperanzas
sucumben, Dios levanta el brazo
de la esperanza. Al hundirse
los andamios, Dios se transforma
en soporte de seguridad.
Sólo los pobres poseerán a Dios.

24 de Noviembre

¿Cómo se genera el encuentro?
Dos interioridades que salen de sí
mismas y se proyectan mutuamente
dan origen a la intimidad.
Ya tenemos encuentro.
Con otras palabras:
la intimidad es un clima de confianza y cariño
que, como una atmósfera,
nos envuelve a ti y a mí,
alejándonos de la solitariedad
y conduciéndonos a la madurez.
Donde hay encuentro, hay trascendencia,
porque se superan las propias fronteras.
Donde hay trascendencia hay pascua y amor.

25 de Noviembre

Los que experimentan vivamente
que Dios es "mi Padre" experimentarán
también que el prójimo que está a mi lado
es "mi hermano". Se rompieron los cercos
estrechos de la consanguineidad,
y todo queda abierto a la
universalidad del espíritu.

26 de Noviembre

Seducidos por Dios, hombres que
nunca se conocieron, provenientes
de diferentes continentes y razas,
eventualmente sin afinidad temperamental,
podrían, a partir de ahora, congregarse
para respetarse, abrirse y comunicarse.
Nació la Ccomunidad bajo la Palabra.
Lo único que tenemos en común es que ellos
fueron seducidos por Jesús y yo también,
Ellos quieren vivir con Jesús y yo también.
El único elemento común entre nosotros
es Jesús. A unos compañeros que no
ligaba ninguna conexión humana,
la experiencia en Jesús los ha
transformado en hermanos.

27 de Noviembre

Si aman tan sólo a los que los aman,
¿cuál es el mérito?
Si quieren convivir tan sólo con los

que son de su agrado, ¿en dónde
está la novedad? Si son cariñosos
y saludan tan sólo a los parientes
y amigos, ¿en qué se diferenciáis de los demás?
Hasta los ateos proceden así.

28 de Noviembre

¿Quieres saber quién es el más grande?
Los hombres de este mundo,
dijo Jesús, para afirmar su autoridad,
dan golpes de fuerza, ponen los pies
sobre la cabeza de sus súbditos
y los oprimen con la fuerza bruta.
Así se sienten superiores. No así ustedes.
Si alguno de ustedes quiere ser
grande, hágase como el que está
a los pies de los demás, para lavarles
los pies y servirlos a la mesa.

29 de Noviembre

¿Qué es más fuerte, preguntó
Jesús, el fuego o el agua? Ustedes,
que son de espíritu mundano,
que es espíritu falaz, o sea, que se
dejan llevar de las apariencias,
ya sé que me responderán:
¡el fuego!, porque el fuego quema,
incendia y arrasa. Pongan, sin embargo,
juntos al fuego y al agua, y
verán cómo el fuego sucumbe

instantáneamente ante el agua.
¡El agua es más fuerte que el fuego!,
y la paz más fuerte que la guerra;
y el perdón más fuerte que la
venganza; y el amor más fuerte
que el odio; y la humildad más fuerte
que todas las rebeldías.
Y las vestiduras que cubrirán a los
que son del espíritu de mi Padre son:
la mansedumbre, la paciencia
y la humildad. Éstos son los
campeones en el reino de mi Padre.

30 de Noviembre

Este tipo no me gusta; el instinto
me impulsa a separarme de él.
Este otro mantiene respecto de mí
no sé qué reticencia o ceño fruncido;
mi reacción espontánea
es responderle con la misma actitud.
Sé que aquel otro habló mal de mí,
y desde este momento no puedo
evitar mirarlo como mi enemigo.
Será necesario imponer las convicciones
de fe sobre las reacciones espontáneas:
el Padre de ese "tipo" es mi Padre.
Debo acogerlo y aceptarlo como
a hijo de "mi Padre".

DICIEMBRE

1 de Diciembre

Desde las profundidades afloran hacia
la superficie del hombre las energías
salvajes, hijas del egoísmo:
orgullo, vanidad, envidia, odio,
resentimiento, rencor, venganza,
deseo de poseer personas o cosas,
egoísmo y arrogancia, miedo,
timidez, angustia, agresividad.
Éstas son las fuerzas primitivas
que lanzan al hermano contra el hermano,
al cónyuge contra el cónyuge,
obstruyen y destruyen la unidad.
Sólo Dios puede bajar a las
profundidades originales del hombre
para calmar las olas, controlar las
energías y transformarlas en amor.

2 de Diciembre

Evitar lo desagradable y conseguir
lo agradable: es el código del placer,
el motivo principal de conducta.
Es lo espontáneo.
Quiere acoger al encantador y rechazar
al antipático. Quiere convivir
con el que sea de su temperamento.

Ahora siente "necesidad' de tomar venganza
de un antiguo agravio. Más tarde
siente el impulso de retirar la cara a éste,
gritar aquí, inhibirse en otro momento,
insultar después, más tarde pulverizar
el prestigio de aquel intrigante...
Todo eso es lo espontáneo, y causa placer.
Ni los principios de una buena educación
ni las orientaciones psicológicas
podrán neutralizar esos impulsos espontáneos.
Necesitamos un Redentor que descienda
hasta aquellas regiones subterráneas
para transfigurar fuerzas tan salvajes.

3 de Diciembre

Cristo, con su Madre y nuestra
colaboración, irá arrancando las
raíces de las injusticias, colocará
los cimientos de la paz y comenzará
a brillar el sol de la justicia.

4 de Diciembre

No se vence el sufrimiento lamentándolo,
combatiéndolo o resistiéndolo, sino asumiéndolo.
Y, al asumir con amor la cruz,
estamos no sólo acompañándote,
Jesús Nazareno, en la subida al Calvario,
sino colaborando contigo en la redención
del mundo, y más todavía, "estamos supliendo
lo que falta a la Pasión del Señor".

5 de Diciembre

Las características de los impulsos
espontáneos son la sorpresa y la violencia.
Cuando estamos descuidados, somos capaces
de cualquier barbaridad de la que
nos arrepentimos a los pocos minutos.
Y decimos: ¡qué horror! ¿Qué hice?
Pero ya está hecho. Con un arranque
agitado somos capaces de arruinar
en pocos minutos la unidad matrimonial
o fraterna que habíamos forjado
dificultosamente durante tanto tiempo.
Es preciso vivir alertas
sobre nuestros impulsos espontáneos.

6 de Diciembre

¿Qué es el nombre? Una etiqueta
acoplada a una imagen: un vestido.
Y ¿qué es la imagen? Otra etiqueta
acoplada a una persona: vestido
también. ¿Qué significa, qué es,
por ejemplo el nombre de Antonio
Suárez? Voz, soporte de aire
que sustenta una figura, y la figura
sustenta una opinión. Lo importante
no es la imagen, que no deja de ser
mentira y fuego fatuo, sino la
persona con su realismo
y objetividad.

7 de Diciembre

Cuando se da el narcisismo puro
todo queda referido a mi "yo":
aquella intervención que tuve;
aquella persona que me elogió;
este compromiso que me han pedido;
estos políticos tan importantes que me consultan...
Y la cabeza anda durante todo el día
dando vueltas, recordando y reviviendo
las cosas emocionantes y satisfactorias
para mi vanidad en cuanto va inflándose
la imagen de mi "yo" entre delirios
de mayores grandezas y mayores temores
de perder el brillo de mi imagen.
Es una cruel tiranía. Hay que
liberarse de tanta apropiación.

8 de Diciembre

Siempre que hay temor, tristeza,
envidia, nerviosismo, agitación,
angustia o agresividad es porque hay,
sin que nos demos cuenta,
adherencia a personas o sucesos del pasado,
por vía de rechazo o por vía de apropiación.
Con la desvinculación mental seríamos
capaces de eliminar esas amargas sensaciones.
La persona debe acostumbrarse a detectar
tales enlaces mentales y cortarlos
en un acto consciente.
Sentiría un gran alivio y mucha paz.

El hombre, para desenvolver
relaciones interpersonales
armoniosas, necesita calma y paz.

9 de Diciembre

Se sufre mucho porque se resiste mucho,
comenzando por detalles exteriores
como medidas anatómicas, color, peso...
No me gustan esta nariz, estas manos,
estos ojos... Si algo de mi persona
me avergüenza, me convierto
en mi propio enemigo, estoy
en guerra conmigo mismo.
¿Puedes alterar algo de eso?
Hazlo. Si no puedes cambiar,
¿qué consigues avergonzándote,
acomplejándote? Estás castigándote.
Acéptalo y déjalo en manos de Dios.

10 de Diciembre

El dolor y la alegría
tienen un mismo calado.
Calado es la profundidad
a donde llega la quilla de un navío,
en relación y a partir de la línea de flotación.
La hondura que alcanza el gozo,
alcanza también el dolor.
Tanto se sufre
cuanto se goza, y viceversa.

11 de Diciembre

Señor, enséñame a ser generoso,
a dar sin calcular, a devolver bien por mal,
a servir sin esperar recompensa,
a acercarme al que menos me agrada,
a hacer el bien al que nada puede retribuirme,
a amar siempre gratuitamente,
a trabajar sin preocuparme del reposo.

12 de Diciembre

Los años vuelan.
La fiesta de ayer es un mero recuerdo.
La juventud se nos fue como un meteoro
y nunca volverá. Se aproxima
el ocaso, y pronto se apagará el fuego.
Todo es irreversible.

13 de Diciembre

Al alma humana,
cuando ha sido
profundamente seducida por Dios,
le nacen alas del alcance del mundo,
y con tal de estar con su Señor,
es capaz de trasponer montañas
y mares, recorrer ciudades y ríos;
no teme el ridículo, no hay sombras
que la asusten ni fronteras
que la detengan.

14 de Diciembre

Creer es entregarse. Entregarse
es caminar incesante tras el Rostro
del Señor. Creer es partir siempre.

15 de Diciembre

Aquel muchacho lo tenía todo en su casa.
Pero, soñando en aventuras,
se fue a tierras lejanas, dejando clavado
un puñal en el corazón de su padre.
Se zambulló en el turbio esplendor del mundo
hasta morder la fruta del hastío.
Y cuando, doblegado por la nostalgia,
regresó a su casa, su padre, además
del abrazo y el perdón, le preparó
el banquete más espléndido de su vida.

16 de Diciembre

Dios mío, ¿dónde está la razón
y el fin de tanta pasión inútil?

17 de Diciembre

Dios ha cortado al hombre a su
propia medida. Colocado una marca
de sí mismo en nuestro interior.
Nos ha hecho como un pozo de infinita
profundidad que sólo un Infinito
puede llenar. Todas las facultades
y sentidos del hombre pueden estar

satisfechos, pero el hombre siempre
queda insatisfecho. El insatisfecho
es también un caminante.

18 de Diciembre

El perdón es la más alta expresión
del amor y la más genuina.
Pero lo que asombra en el perdón
evangélico es otra cosa: que más
alegría siente el que perdona que
el que es perdonado. Por eso,
Jesús representa el perdón del Padre
como una fiesta.

19 de Diciembre

Orgullo, vanidad, envidia, odio,
resentimientos, rencor, venganza,
deseo de poseer personas o cosas,
egoísmo y arrogancia, miedo,
timidez, angustia, agresividad.
Éstas son las fuerzas primitivas
que lanzan al hermano contra
el hermano, separan, oscurecen,
obstruyen y destruyen la unidad.
Sin Dios, la fraternidad es utopía.

20 de Diciembre

Oh Dios, dame la serenidad
para aceptar las cosas
que no puedo cambiar;

la valentía para cambiar
las cosas que puedo;
y la sabiduría para discernir
la diferencia entre ambas.

21 de Diciembre

¿A qué temer? ¿Por qué turbarse?
¿Acaso no es la turbación un ejército
de combate para la defensa de las
propiedades amenazadas?
Al que nada tiene y nada quiere
tener, ¿qué le puede turbar?

22 de Diciembre

Injusticia, incomprensión,
maledicencia, arbitrariedad, sarcasmo...
de todo hay en la persecución,
sea en el círculo familiar, en el vecindario
o a nivel comunitario. Yerba amarga
es la persecución, más amarga
que la enfermedad, y no rara vez
más temible que la misma muerte.

23 de Diciembre

Dame, Señor, la gracia de aceptar
con paz la esencial gratuidad de Dios,
el camino desconcertante de la Gracia
y las emergencias imprevisibles
de la naturaleza.

24 de Diciembre

Cuando un hermano, mediante
la observación y la meditación,
llega a la convicción vital
de la transitoriedad de cuanto lo rodea,
cuando deja que las cosas sean y se desliga
emocionalmente de cuanto no vale
(no le "importa" lo que no importa),
desde ese momento, ese hermano
queda inundado de una paz profunda,
lo mismo que cuando el fuego de la lámpara
se apaga, al consumirse por completo el aceite.

25 de Diciembre

Cuando uno piensa en ciertas épocas agitadas
de la historia de los pueblos, en la historia
de las comunidades y en la propia historia...
llena de locuras, histerias, guillotinas,
secuestros, caídas y sepultura de hegemonías
mundiales, auge y colapso de partidos políticos...,
uno acaba preguntándose: y de todo aquello
¿qué queda? El silencio lo cubrió
todo con su manto.

26 de Diciembre

Acepta con paz el hecho de que los ideales
sean siempre más altos que las realidades.
Acepta con paz el saber que en cada empresa
que acometes al final vas a encontrarte casi
siempre con un pequeño regusto a frustración.

Acepta con paz tu deseo de agradar a todos
y no poder; el deseo vehemente de llegar
a una profunda intimidad con Dios y que
el camino sea tan lento y difícil.

27 de Diciembre

Necesito redención.
Misericordia,
Dios mío.
No acierto a perdonar,
el rencor me quema,
las críticas me lastiman,
los fracasos me hunden,
las rivalidades me asustan.

28 de Diciembre

Que los hijos sean y se sientan amados
y se alejen de ellos para siempre
la ingratitud y el egoísmo.
Inunda, Señor, el corazón de los
padres de paciencia y comprensión,
y de una generosidad sin límites.

29 de Diciembre

Ciertos fenómenos trágicos del alma humana
no son otra cosa sino la otra cara de la sed de Dios.
La insatisfacción humana, en toda su grandeza
y amplitud, el tedio de la vida,
ese no saber para qué está uno en el mundo,

la sensación de vacío,
el desencanto general..., no son otra
cosa que la otra cara del Infinito.

30 de Diciembre

Dame la gracia de hacer
tranquilamente la autocrítica.

31 de Diciembre

El Señor sabe por experiencia
que el ser humano es oscilante,
capaz de deserción y de fidelidad.
Pero el Señor se mantiene inmutable
en su fidelidad, no se cansa de perdonar,
comprende siempre porque sabe de qué barro
estamos constituidos.

ÍNDICE

Impreso en Talleres Gráficos D´Aversa e hijos S.A.,
Vicente López 318/24, B1878DUQ Quilmes,
Buenos Aires, Argentina.